ESPACIO JOVEN 360

Libro del alumno

Equipo ESPACIO

Nivel

A2.2

Edinumen

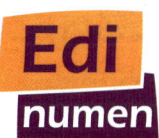

© Editorial Edinumen, 2021

© **Equipo ESPACIO:**
María Carmen Cabeza Sánchez, Francisca Fernández Vargas, Luisa Galán Martínez, Amelia Guerrero Aragón, Emilio José Marín Mora, Liliana Pereyra Brizuela y Francisco Fidel Riva Fernández
Coordinación: David Isa de los Santos y Nazaret Puente Girón

Impreso en España
Printed in Spain
0724

Coordinación editorial:
David Isa

Diseño, maquetación e ilustraciones:
Analia García y Carlos Casado

Actividades interactivas:
Antonio Arias y Eva Gallego

Editorial Edinumen
José Celestino Mutis, 4. 28028 Madrid. España
Teléfono: (34) 91 308 51 42
e-mail: edinumen@edinumen.es
www.edinumen.es

Fotografías:
Archivo Edinumen, *www.shutterstock.com*
p. 26 (*San Fermines*, Migel), p. 26 (*Valencia*, Gabor Kovacs Photography), p. 26 (*Casa Milà*, Maks Ershov), p. 26 (*Las Ramblas*, Mark.Pelf), p. 33 (*Alhambra*, Alfonso de Tomas), p. 35 (*Equipo Argentina*, CP DC Press), p. 39 (*Picasso*, Bangkokhappiness), p. 42 (*Desfile*, Andrey Gontarev), p. 42 (*Orquesta*, Gary Yim), p. 43 (*Boca Juniors*, Natursports), p. 50 (*Penélope Cruz*, Featureflash Photo Agency), p. 61 (*Perú*, Meunierd), p. 76 (*Tango*, milosk50), p. 76 (*Juanes*, Featureflash Photo Agency), p. 77 (*Habana*, Kamira), p. 89 (*Voto*, Natursports), p. 105 (*Balomnano*, Dziurek).

Reservados todos los derechos. No está permitida la reproducción parcial o total de este libro, ni su tratamiento informático, ni transmitir de ninguna forma parte alguna de esta publicación por cualquier medio mecánico, electrónico, por fotocopia, grabación, etc., sin el permiso previo y por escrito de los titulares del copyright.

PRESENTACIÓN

Espacio Joven 360º es un curso comunicativo de lengua y cultura españolas que integra contenidos multimedia para facilitar una nueva experiencia de aprendizaje a jóvenes adolescentes, adaptándose a la forma en la que ellos interactúan en su día a día.

Dividido en cuatro niveles y siguiendo las directrices del *Marco común europeo de referencia* (MCER) y del *Plan curricular del Instituto Cervantes*, **Espacio Joven 360º** conduce a la adquisición de una competencia comunicativa del nivel B1.1 y prepara a los estudiantes para superar con éxito los nuevos exámenes DELE.

Espacio Joven 360º ha sido pensado y diseñado para atender a las diferentes necesidades de las escuelas y presenta, de forma atractiva y moderna, numerosas actividades dinámicas y altamente motivadoras que propician que el alumno adquiera las competencias requeridas para cada nivel de manera fácil y divertida.

COMPONENTES DISPONIBLES

Para el profesor

eBook libro del profesor

Todo el material digital puede ser utilizado en ordenadores (PC, Mac), iPads y *tablets* de Android, con o sin conexión a internet.

EXTENSIÓN DIGITAL ALUMNO

Espacio Joven 360° cuenta con una gran cantidad de recursos multimedia que han sido diseñados para enriquecer el proceso de enseñanza y aprendizaje, y que se ofrecen integrados en la secuencia didáctica del libro del estudiante.

A lo largo de las unidades se hace referencia a una serie de **instrumentos digitales** a disposición del estudiante que permiten la **profundización** y la **revisión** de los contenidos, **dinamizando** el curso.

Actividades interactivas

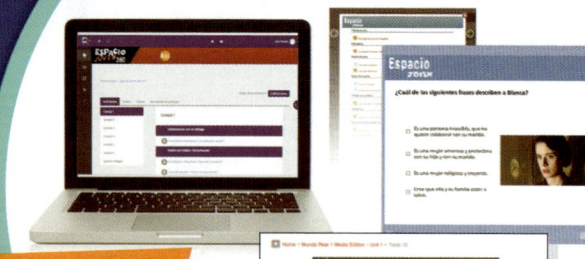

+ Prácticas

Cada uno de los contenidos que aparecen en la unidad se complementan con nuevas actividades *online* para practicar y repasar de una manera divertida.

Serie

Serie sobre un grupo de jóvenes hispanos que protagonizan situaciones de la vida cotidiana.

Actividades colaborativas

Actividades variadas concebidas para ser desarrolladas como tareas de trabajo cooperativo a través de wikis y foros.

VIDEOGRAMAS

Vídeos didácticos

Vídeo situacional y explicación gráfica de los aspectos gramaticales de la unidad.

Spanish Blogger

Spanish Blogger es un juego de carácter narrativo que permite a los estudiantes seguir aprendiendo español en un contexto lúdico, al finalizar la unidad. Vivirán la experiencia de trabajar en un periódico y de crear su propio blog sobre la cultura hispana.

Gamificación

LIBRO DEL ALUMNO

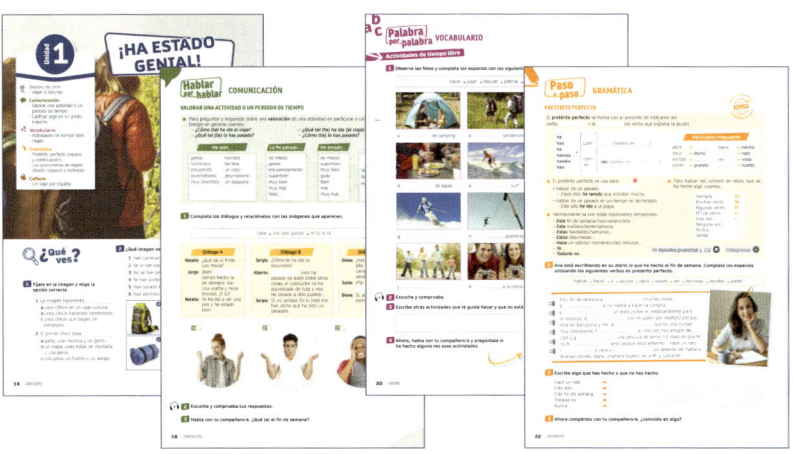

Cada libro de **Espacio Joven 360º** está organizado en torno a seis unidades.

En el primer volumen, la **unidad 0** introduce al estudiante en el mundo de la lengua y de la cultura española, y ofrece también los instrumentos indispensables para la interacción en clase.
En los otros volúmenes, esta unidad actúa como repaso de los contenidos del nivel anterior.

Como indica el título, esta sección se centra en una **conversación** que introduce el **tema de la unidad**, el **vocabulario previo** y las **estructuras gramaticales**. Con ello los estudiantes comienzan a interpretar el significado y a usar la lengua en un contexto auténtico, sin necesidad de entender todas las palabras.

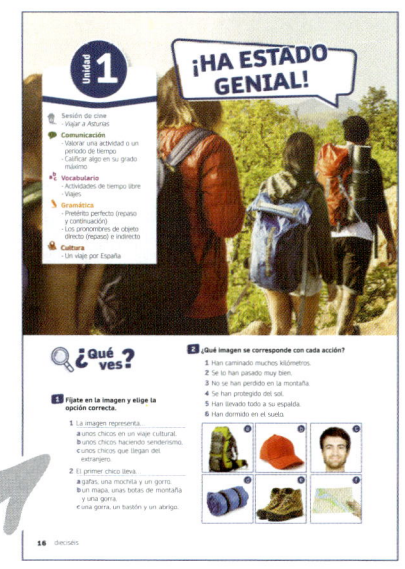

Esta sesión presenta **vídeos** sobre la vida de un grupo de adolescentes, relacionados con el tema de la unidad. Van acompañadas de actividades para predecir e interpretar la historia.

cinco **5**

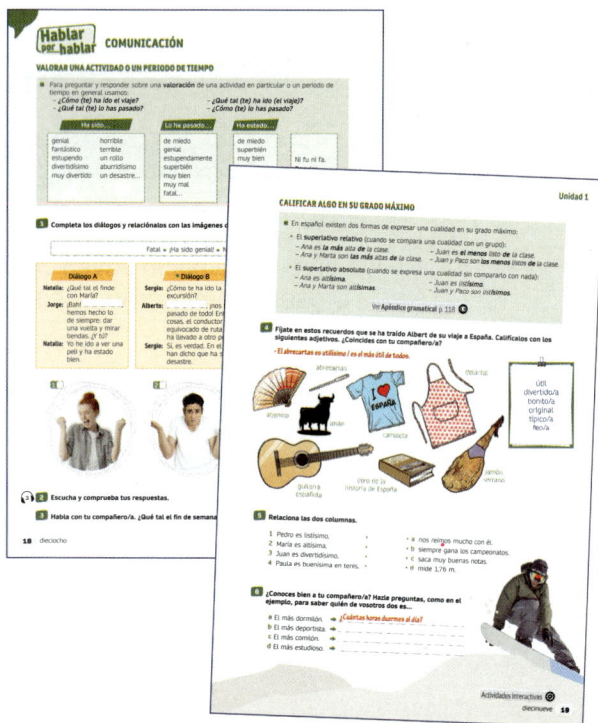

Presentación de los **objetivos comunicativos** a través de sencillos cuadros funcionales, seguidos de actividades de producción y comprensión oral.

Las estructuras y las funciones se presentan como elementos de la conversación.

Referencias a las *Actividades interactivas.*

Palabra por palabra

Resumen y análisis de los **elementos léxicos** introducidos en el diálogo a través de la presentación de **cuadros léxicos** y de actividades lúdicas y motivadoras. Trabajar las actividades con su compañero/a o en pequeños grupos anima a los estudiantes a aprender colaborativamente.

Referencias a *Videogramas.*

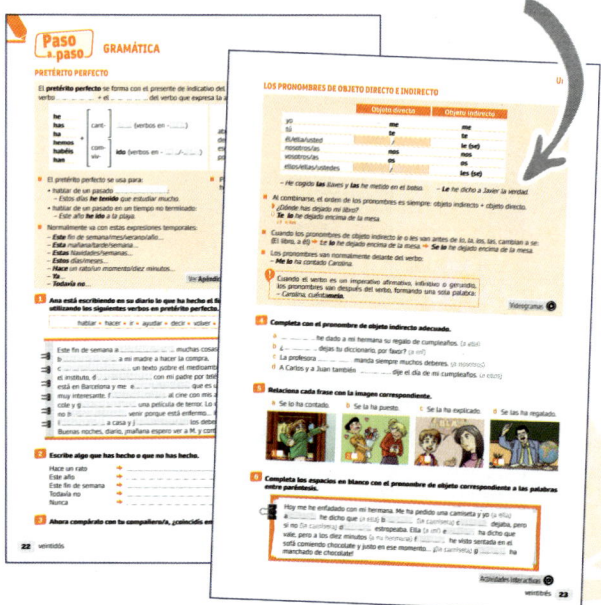

Sistematización de los **aspectos gramaticales** gracias a cuadros con explicaciones claras y completas, y a una serie de actividades de reflexión.

El apéndice gramatical al final del libro del alumno ofrece numerosas **profundizaciones** de estos aspectos gramaticales.

La unidad concluye con secciones que agrupan todos los elementos lingüísticos presentados en las páginas anteriores, permitiendo al estudiante la **utilización global y personal de las competencias adquiridas**.

UNIDADES 1, 3 y 5

Mundo hispano

Desarrollo y profundización de uno o más **aspectos culturales** presentados en la unidad.

Esta sección cultural va más allá de una simple instantánea cultural e invita a los estudiantes a profundizar más en las perspectivas hispanas con información y actividades diseñadas para alentarles a ampliar el contenido cultural del texto.

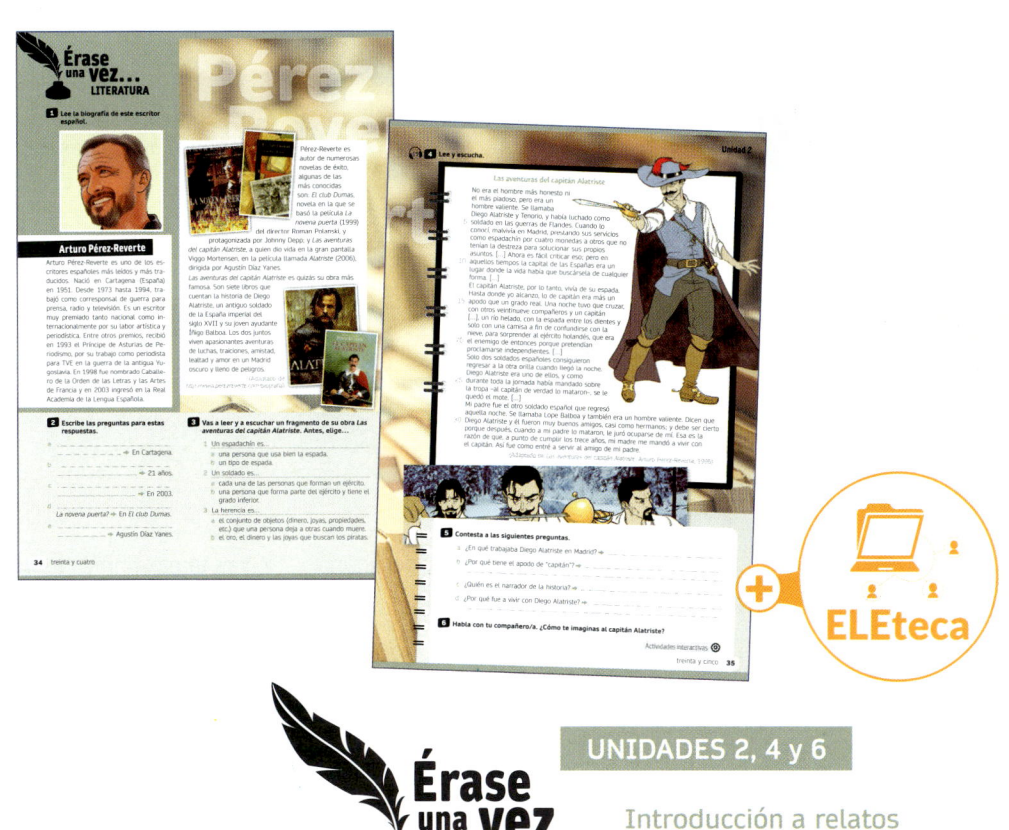

UNIDADES 2, 4 y 6

Érase una vez...

Introducción a relatos o **fragmentos literarios** para acercar a los estudiantes el placer de la literatura. Todas las piezas literarias son grabadas e interpretadas.

siete **7**

ÍNDICE

	Sesión de cine	Comunicación	Vocabulario
UNIDAD 0. ¡Volvemos a vernos! PÁG. 10		• Narrar acciones cotidianas • Contar una anécdota • Dar órdenes	• El clima • Expresiones de la jerga juvenil • Los viajes y las vacaciones
UNIDAD 1. ¡Ha estado genial! PÁG. 16	• *Viajar a Asturias*	• Valorar una actividad o un periodo de tiempo • Calificar algo en su grado máximo	• Actividades de ocio y tiempo libre • Viajes
UNIDAD 2. Historias de la vida PÁG. 26	• *El examen de Historia*	• Relacionar y situar acciones en el pasado • Expresar la repetición de una acción	• Álbum de familia • Momentos históricos
UNIDAD 3. ¡Qué curioso! PÁG. 36	• *Esther, la bailarina*	• Hablar de hechos curiosos y contar anécdotas • Describir experiencias personales	• Los jóvenes y el tiempo libre • Curiosidades
UNIDAD 4. Había una vez PÁG. 46	• *El misterio del pendrive*	• Pedir disculpas y justificarse • Aceptar disculpas	• Los tipos de textos: cuentos, fábulas, anécdotas, noticias...
UNIDAD 5. Construyendo el futuro PÁG. 56	• *Visión de futuro*	• Hacer conjeturas • Hacer promesas	• El medioambiente • La política
UNIDAD 6. Cosas de casa PÁG. 66	• *¡Quiero ir al concierto!*	• Pedir permiso, concederlo y denegarlo • Invitar u ofrecer • Dar consejos, órdenes e instrucciones	• Las tareas domésticas • Los deportes

UNIDADES DE REPASO PÁG. 76

APÉNDICE GRAMATICAL PÁG. 82

TABLA DE VERBOS PÁG. 88

GLOSARIO PÁG. 90

Gramática	Cultura	 Literatura	Sigue practicando con
• *Estar* + gerundio • *Ser/estar* • *Ir/venir* • Imperativo • El pasado (repaso)			
• Pretérito perfecto (repaso y continuación) • Los pronombres de objeto directo (repaso) e indirecto	• Un viaje por España	 ELEteca • *El Camino de Santiago* • Poema "Santiago", de Federico García Lorca	 Misión 14
• Pretérito indefinido regular e irregular (repaso)	 ELEteca • Encuentro de culturas	• *El capitán Alatriste*, de Arturo Pérez-Reverte	 Misión 13
• Contraste pretérito perfecto e indefinido • Los pronombres y adjetivos indefinidos	• Historias maravillosas	 ELEteca • *Llueve en Madrid*, de María Martín Serrano • *¿Por qué los españoles comen tan tarde?*	 Misión 15
• Contraste pretérito indefinido, imperfecto y perfecto • *Soler* + infinitivo	 ELEteca • ¡Viva la música latina!	• Los amantes de Teruel	 Misión 16
• Futuro imperfecto • *Si* + presente + futuro	• Parques nacionales de España	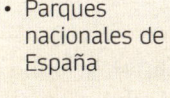 ELEteca • *Tiempo futuro*, de Carlos Donatucci • *Viaje al futuro*	 Misión 17
• Imperativo afirmativo y negativo	 ELEteca • Normas sociales	• Mi abuela Eva • *Como agua para chocolate*, de Laura Esquivel	 Misión 18

nueve 9

Unidad 0

¡VOLVEMOS A VERNOS!

💬 **Comunicación**
- Narrar acciones cotidianas
- Contar una anécdota
- Dar órdenes

🔤 **Vocabulario**
- El clima
- Expresiones de la jerga juvenil
- Los viajes y las vacaciones

📙 **Gramática**
- *Estar* + gerundio
- *Ser/estar*
- *Ir/venir*
- Imperativo
- El pasado (repaso)

🎙 **Pronunciación y ortografía**
- La acentuación

¿Qué ves?

1 Carlos y Lucía se reencuentran en el instituto después de sus vacaciones. ¿Qué ha hecho cada uno? Ordena las palabras para averiguarlo.

Carlos: Fui, a, haciendo, estuve, Pirineos, los, senderismo, y

Lucía: Fui, y, Tarifa, playas, estuve, a, de, haciendo, las, surf

Carlos **Fui** ....

Lucía **Fui** ....

2 Completa el diálogo de Carlos y Lucía con las siguientes expresiones coloquiales. Después, escucha y comprueba.

> por la cara ▪ es una pasada ▪ nos mosqueamos ▪ qué va
> mogollón de ▪ a ver, cuéntame ▪ no te pongas así

Carlos: ¡Hola, Lucía! ¿Qué tal tus vacaciones?
Lucía: ¡Genial! Estuve en las playas de Tarifa haciendo surf.
Carlos: ¿¡Surf!? No sabía que practicabas surf.
Lucía: Sí, **a** .... Las playas son fantásticas y lo mejor es que he conocido a **b** .... gente joven de muchos países.
Carlos: ¡Qué suerte!
Lucía: ¿Y tú? **c** .... Fuiste a los Pirineos, ¿no? Seguro que te lo pasaste en grande.
Carlos: ¡**d** ....! Ya sabes que iba con Luis y Javier, pero al final también vino el primo de Luis **e** .... ¡No pagó nada! Al final **f** .... Luis y yo por su culpa.
Lucía: Bueno, hombre, **g** ...., seguro que pronto hacéis las paces.
Carlos: Sí, pero no vuelvo a ir con ellos...

Unidad 0

3 ¿Y tú? ¿Dónde fuiste en las últimas vacaciones? Habla con tu compañero/a.

4 Estas personas están disfrutando de sus vacaciones. Completa las frases, como en el ejemplo, y relaciónalas con la imagen correspondiente.

a ⑩ **Está leyendo** (leer) un libro.
b ◯ .... (dormir) la siesta.
c ◯ .... (ir) a los servicios.
d ◯ .... (vestirse).
e ◯ .... (construir) un castillo.
f ◯ .... (bañarse).
g ◯ .... (comerse) un helado.
h ◯ .... (hacer) una foto.
i ◯ .... (tomar) el sol.
j ◯ .... (salir) del agua.

5 Observa los dibujos y completa los textos sobre el tiempo atmosférico.

a En ....
.... pero también .... sol, hace más .... que en invierno, pero menos que en verano.

b En **verano**
.... muy .... tiempo y mucho calor, normalmente .... a más de 30 grados.

c En ....
.... tiempo, hace mucho ...., algunos días llueve o .... nublado.

d En ....
hace mucho ...., a veces llueve y otros días incluso ....

once **11**

EL PASADO — REPASO

1 Lee la postal que escribió Elena a su amiga Sara el último día de sus vacaciones. Fíjate en los verbos que aparecen resaltados.

¡Hola, Sara!

¿Qué tal tus vacaciones? ¡Este verano me *lo he pasado* genial! Ya sabes que mis padres *decidieron* ir al pueblo de mis abuelos. Cuando *llegué* no me *gustó* nada el sitio. Los primeros días *me aburrí* mucho y, además, *tuve* que ir con mis padres a visitar a toda la familia, *fue* un rollo. Por suerte, hace dos semanas *conocí* a Fani, la nieta de los vecinos de mis abuelos, y desde ese día *nos hicimos* muy amigas. El viernes pasado *fuimos* a la feria del pueblo y *nos encontramos* a sus primos, *estuvimos* todo el rato con ellos y *nos divertimos* muchísimo. El mayor, Jorge, ¡es guapísimo! Creo que me gusta. Esta mañana Fani me *ha dicho* que yo también le gusto y que ayer le *pidió* mi correo electrónico.

Hoy es mi último día en el pueblo, así que *he estado* toda la mañana en la piscina con Fani, y después *he vuelto* a casa y os *he escrito* a todos.

Ahora te dejo porque quiero despedirme de todo el mundo y ¡todavía no *he hecho* la maleta!

Me da pena irme, pero también tengo ganas de empezar el curso para veros.

¡¡Muchos besos!! ¡Hasta pronto!

Elena

Sara Martínez Pedrosa
Avda. Reina Victoria, 123, 4.º E
28003 Madrid

2 Escribe los verbos del texto en el recuadro correspondiente según el tiempo del pasado en el que están. Después, escribe el infinitivo de cada verbo.

Pretérito perfecto	Pretérito indefinido
lo he pasado → pasar(lo)	decidieron → decidir

3 ¿Cuándo se usan estos tiempos del pasado? Completa.

- Utilizamos el pretérito .... para hablar de acciones pasadas en un tiempo terminado.
- Utilizamos el pretérito .... para hablar de acciones pasadas en un tiempo no terminado o en relación con el presente.

Unidad 0

4 Completa el crucigrama con los verbos en pretérito indefinido y descubrirás la palabra secreta.

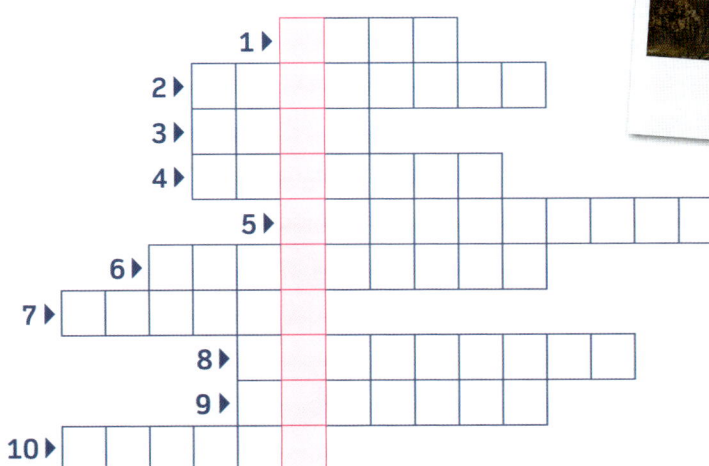

1. 1.ª persona singular del verbo *venir*.
2. 3.ª persona plural del verbo *traer*.
3. 1.ª persona singular del verbo *hacer*.
4. 3.ª persona singular del verbo *traducir*.
5. 2.ª persona singular del verbo *conducir*.
6. 2.ª persona plural del verbo *decir*.
7. 3.ª persona singular del verbo *dormir*.
8. 1.ª persona plural del verbo *andar*.
9. 3.ª persona plural del verbo *leer*.
10. 1.ª persona plural del verbo *ir*.

5 Completa las frases conjugando en pretérito perfecto los verbos entre paréntesis.

a Este verano .... (hacer, nosotros) muchas excursiones al campo.
b Hace un rato .... (ver, yo) a Luis en la cafetería.
c ¿........................ (Estar, tú) alguna vez en Ibiza?
d Este fin de semana .... (ponerse, yo) morena porque .... (ir, yo) a la playa.
e Siempre .... (querer, ellos) viajar en barco pero nunca lo .... (hacer).
f El viento .... (abrir) la ventana y .... (romperse) el cristal.
g Este año .... (volver, vosotros) de vacaciones antes que el año pasado.

6 Corrige el error de cada frase.

a Ayer ~~feu~~ al cine con mis amigos.
   Ayer fui al cine con mis amigos.

b El año pasado me lo pasamos genial en el campamento.

c En verano, mi hermano leió más de ocho novelas.

d En 1992 Barcelona celebraron los Juegos Olímpicos.

e Candela hice una fiesta en su casa.

trece 13

Un poco más

1 Elige la opción correcta.

a Madrid **es** / **está** la capital de España.
b El avión **es** / **está** más rápido que el tren.
c **Soy** / **Estoy** muy contento porque este año voy de vacaciones a la playa.
d En esta época del año siempre **es** / **está** nublado.
e ¿**Eres** / **Estás** cansado?
f Mi hermano **es** / **está** más alto que yo.
g Los libros **son** / **están** encima de la mesa.

2 Completa la siguiente conversación telefónica con los verbos *ir* y *venir*.

Daniel: ¿Sí?
Alberto: Hola, te llamo para saber a qué hora podemos
a .... a tu casa para ver el partido.
Daniel: ¡Podéis b .... cuando queráis!
Alberto: ¿Puede c .... también mi primo Javi?
Daniel: ¡Claro que puede d ....!
Alberto: Muy bien, entonces e .... sobre las seis.

3 Lee el siguiente texto y pon las tildes que faltan.

Despues de todo un año preparando el viaje, por fin ya teníamos la mochila en la espalda y los billetes en la mano. Hacía mucho tiempo que María y yo soñabamos con ese día. Estabamos muy nerviosas porque era nuestro primer viaje solas, sin nuestros padres. En la estacion nos esperaban cuatro amigas mas. Todas juntas ibamos a hacer el interrail por Italia y Francia. El tren ya estaba en la vía esperandonos. Nuestro vagon era el ultimo. Por suerte, los asientos eran muy comodos, ya que era un viaje largo. Desde la ventana veía a nuestras familias diciendonos adios. El tren cerraba sus puertas, nuestra aventura comenzaba...

4 En el texto anterior aparece otro tiempo del pasado: el pretérito imperfecto. Escribe las formas que faltan.

	ir	ser	ver	soñar	tener
yo					
tú					
él/ella/usted		era	veía		
nosotros/as	íbamos			soñábamos	teníamos
vosotros/as					
ellos/ellas/ustedes		eran			

Unidad 0

5 Observa las ilustraciones. Imagínate que eres la profesora de este alumno. Dale las órdenes correspondientes usando los siguientes verbos en imperativo.

cerrar ▪ abrir ▪ ~~salir~~ ▪ coger ▪ quitarse ▪ sentarse

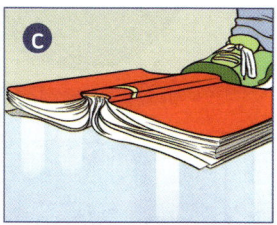

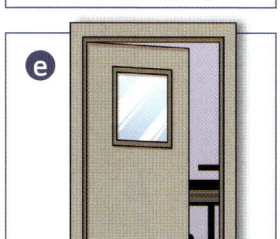

a Sal a la pizarra.
b ....
c ....
d ....
e ....
f ....

6 Vamos a jugar.

¿Qué sabes de nuestra cultura?

INSTRUCCIONES:
- Convierte los enunciados en preguntas para hacérselas a tu compañero/a.
- Una pregunta por turno. Si responde correctamente, gana un punto.
- El primero en descifrar el texto final ¡gana un punto extra!

Jugador A

Respuestas: 1 b, 2 c, 3 a, 4 b.

1 El ratón que te deja dinero cuando se te cae un diente se llama...
  a Melchor.
  b Pérez.
  c Valentín.

2 Las corridas de toros están prohibidas en...
  a Madrid y Cataluña.
  b País Vasco y Cataluña.
  c Canarias y Cataluña.

3 El Camino de Santiago termina en...
  a la Catedral de Santiago.
  b La Coruña.
  c la Universidad de Santiago.

4 Con el "quipu", los incas...
  a comunicaban información comercial.
  b enviaban mensajes.
  c se comunicaban con sus antepasados.

Jugador B

Respuestas: 1 c, 2 b, 3 a, 4 a.

1 El Cono Sur está formado por...
  a Paraguay, Argentina, Chile y Uruguay.
  b Paraguay, Colombia, Chile y Uruguay.
  c Argentina, Chile, Brasil y Uruguay.

2 Las alpacas son animales muy útiles en...
  a Cuba.
  b Bolivia.
  c México.

3 Si quiero viajar barato y no me importa compartir habitación tengo que ir a...
  a un albergue.
  b una casa rural.
  c un balneario.

4 Los Reyes Magos se celebran...
  a el 6 de enero.
  b El 25 de diciembre.
  c el 1 de enero.

¡PUNTO EXTRA!: K tal? Qdms ste find? Tnems k abla. Llamm! A2. Bss.

quince **15**

Unidad 1

¡HA ESTADO GENIAL!

- **Sesión de cine**
  - *Viajar a Asturias*
- **Comunicación**
  - Valorar una actividad o un periodo de tiempo
  - Calificar algo en su grado máximo
- **Vocabulario**
  - Actividades de tiempo libre
  - Viajes
- **Gramática**
  - Pretérito perfecto (repaso y continuación)
  - Los pronombres de objeto directo (repaso) e indirecto
- **Cultura**
  - Un viaje por España

Spanish Blogger — Misión 14

¿Qué ves?

1 Fíjate en la imagen y elige la opción correcta.

1 La imagen representa...
   a unos chicos en un viaje cultural.
   b unos chicos haciendo senderismo.
   c unos chicos que llegan del extranjero.

2 El primer chico lleva...
   a gafas, una mochila y un gorro.
   b un mapa, unas botas de montaña y una gorra.
   c una gorra, un bastón y un abrigo.

2 ¿Qué imagen se corresponde con cada acción?

1 Han caminado muchos kilómetros.
2 Se lo han pasado muy bien.
3 No se han perdido en la montaña.
4 Se han protegido del sol.
5 Han llevado todo a su espalda.
6 Han dormido en el suelo.

 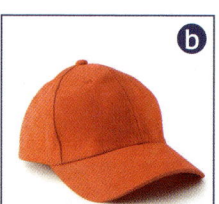 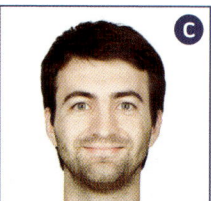

16 dieciséis

Sesión de cine — VÍDEO

VIAJAR A ASTURIAS

Unidad 1

SINOPSIS

Marcos y Eva se encuentran por la calle. Ambos hablan sobre lo que han hecho el fin de semana. Eva ha estado en Asturias con su familia y unos amigos. Marcos ha ido a un partido de fútbol y a un parque de atracciones. De repente aparece Santi. ¿Cómo crees que habrá pasado Santi el fin de semana?

1 Averigua si tu compañero/a ha hecho las siguientes cosas durante el pasado fin de semana.

- a ¿Has ido de compras?
- b ¿Has comido fuera de casa?
- c ¿Has salido con tus amigos?
- d ¿Has practicado algún deporte?

2 ¿Conoces Asturias? Observa las siguientes imágenes y piensa en qué actividades puedes hacer en esta región de España.

Lagos de Covadonga

Picos de Europa

3 Relaciona las siguientes actividades de ocio y tiempo libre con sus imágenes.

- ☐ 1 Ir a un parque de atracciones.
- ☐ 2 Excursiones en *quad*.
- ☐ 3 Ver un partido de fútbol.
- ☐ 4 Senderismo.
- ☐ 5 Escalada.

4 Observa el vídeo y haz las actividades que te va a dar tu profesor/a.

Secuencia de vídeo ▶   Actividades interactivas

COMUNICACIÓN

VALORAR UNA ACTIVIDAD O UN PERIODO DE TIEMPO

■ Para preguntar y responder sobre una **valoración** de una actividad en particular o un periodo de tiempo en general usamos:
- ¿Cómo (te) ha ido el viaje?
- ¿Qué tal (te) lo has pasado?
- ¿Qué tal (te) ha ido (el viaje)?
- ¿Cómo (te) lo has pasado?

Ha sido…		Lo he pasado…	Ha estado…	
genial	horrible	de miedo	de miedo	
fantástico	terrible	genial	superbién	Ni fu ni fa.
estupendo	un rollo	estupendamente	muy bien	Regular.
divertidísimo	aburridísimo	superbién	guay	Más o menos.
muy divertido	un desastre…	muy bien	bien	
		muy mal	mal	
		fatal…	muy mal…	

1 Completa los diálogos y relaciónalos con las imágenes que aparecen.

> Fatal ■ ¡Ha sido genial! ■ Ni fu ni fa

Diálogo A
Natalia: ¿Qué tal el finde con María?
Jorge: ¡Bah! ……………………, hemos hecho lo de siempre: dar una vuelta y mirar tiendas. ¿Y tú?
Natalia: Yo he ido a ver una peli y ha estado bien.

Diálogo B
Sergio: ¿Cómo te ha ido la excursión?
Alberto: ……………………, ¡nos ha pasado de todo! Entre otras cosas, el conductor se ha equivocado de ruta y nos ha llevado a otro pueblo…
Sergio: Sí, es verdad. En el insti me han dicho que ha sido un desastre.

Diálogo C
Diana: ¿Vas a volver el año que viene al campamento de verano?
Sonia: ¡Por supuesto! ……………………
Diana: Sí, yo también pienso volver.

1
2
3

2 Escucha y comprueba tus respuestas.

3 Habla con tu compañero/a. ¿Qué tal el fin de semana?

Unidad 1

CALIFICAR ALGO EN SU GRADO MÁXIMO

■ En español existen dos formas de expresar una cualidad en su grado máximo:

- El **superlativo relativo** (cuando se compara una cualidad con un grupo):
  - *Ana es **la más** alta **de** la clase.*
  - *Ana y Marta son **las más** altas **de** la clase.*
  - *Juan es **el menos** listo **de** la clase.*
  - *Juan y Paco son **los menos** listos **de** la clase.*

- El **superlativo absoluto** (cuando se expresa una cualidad sin compararlo con nada):
  - *Ana es alt**ísima**.*
  - *Ana y Marta son alt**ísimas**.*
  - *Juan es list**ísimo**.*
  - *Juan y Paco son list**ísimos**.*

Ver **Apéndice gramatical** p. 82

4 Fíjate en estos recuerdos que se ha traído Albert de su viaje a España. Califícalos con los siguientes adjetivos. ¿Coincides con tu compañero/a?

- *El abrecartas es utilísimo / es el más útil de todos.*

útil
divertido/a
bonito/a
original
típico/a
feo/a

abanico, abrecartas, imán, camiseta, delantal, guitarra española, libro de la historia de España, jamón serrano

5 Relaciona las dos columnas.

1 Pedro es listísimo, • • a nos reímos mucho con él.
2 María es altísima, • • b siempre gana los campeonatos.
3 Juan es divertidísimo, • • c saca muy buenas notas.
4 Paula es buenísima en tenis, • • d mide 1,76 m.

6 ¿Conoces bien a tu compañero/a? Hazle preguntas, como en el ejemplo, para saber quién de vosotros dos es...

a El más dormilón. ➡ *¿Cuántas horas duermes al día?*
b El más deportista. ➡ ....
c El más comilón. ➡ ....
d El más estudioso. ➡ ....

Actividades interactivas

diecinueve **19**

Palabra por palabra VOCABULARIO

Actividades de tiempo libre

1 Observa las fotos y completa los espacios con los siguientes verbos.

> hacer ■ jugar ■ esquiar ■ patinar ■ montar ■ ir

a .... de *camping*.   b .... senderismo.   c .... en bicicleta.

d .... de tapas.   e .... surf.   f .... a caballo.

g ....   h .... *puenting*.   i .... al tenis.

j ....   k .... a la consola.   l .... al ajedrez.

2 Escucha y comprueba.

3 Escribe otras actividades que te gusta hacer y que no están en el ejercicio 1.

4 Ahora, habla con tu compañero/a y pregúntale si ha hecho alguna vez esas actividades.

- ¿Qué no ha hecho nunca?
- ¿Qué es lo que más veces ha hecho?
- ¿Qué es lo que más le apetece hacer en el futuro?

Unidad 1

Viajes

5 Lee el diálogo y contesta verdadero (V) o falso (F).

Recepcionista: Hostal Las Marismas, ¿dígame?
Cliente: Hola, buenos días, quería reservar una habitación para esta noche.
Recepcionista: ¿Para cuántas personas?
Cliente: Somos tres.
Recepcionista: ¿Cuántas noches van a estar?
Cliente: Dos.
Recepcionista: Tenemos una habitación libre con una cama doble y una individual.
Cliente: Perfecto, ¿cuánto cuesta?
Recepcionista: Son 70 € por noche, media pensión.
Cliente: Nosotros solo queríamos alojamiento y desayuno.
Recepcionista: Esta es una oferta que tenemos ahora en noviembre por ser temporada baja, les va a costar lo mismo solo el alojamiento que la media pensión.
Cliente: ¿La media pensión incluye el desayuno y la comida o el desayuno y la cena?
Recepcionista: Pueden elegir lo que quieran.
Cliente: Pues mejor la cena porque pensamos estar todo el día fuera.
Recepcionista: Muy bien. ¿A nombre de quién va a hacer la reserva?
Cliente: Póngala a nombre de Roberto Sánchez.
Recepcionista: ¿Un número de contacto, por favor?
Cliente: El 611 76 54 98.
Recepcionista: De acuerdo, pues ya queda hecha su reserva, les esperamos esta noche.
Cliente: Muy bien, hasta luego.

a El cliente ha pedido tres habitaciones. (V) (F)
b En noviembre no va mucha gente. (V) (F)
c En el precio se incluyen dos comidas al día. (V) (F)
d El cliente solo quiere saber si hay habitación. (V) (F)

6 ¿Qué frases de las anteriores relacionas con las siguientes palabras?

1 Alojamiento ◯   3 Reservar ◯
2 Temporada baja ◯   4 Media pensión ◯

7 ¿Qué crees que significan estas expresiones? Escribe una definición para cada una.

- Temporada alta: ....
- Pensión completa: ....

8 Habla con tu compañero/a: uno es el recepcionista y otro es el cliente que quiere reservar un fin de semana en el hotel (es temporada alta).

Actividades interactivas

 **GRAMÁTICA**

PRETÉRITO PERFECTO

El **pretérito perfecto** se forma con el presente de indicativo del verbo .... + el .... del verbo que expresa la acción.

he			
has		cant-	.... (verbos en -............)
ha	+		
hemos		com-	
habéis		viv-	ido (verbos en -............/-............)
han			

Participios irregulares

abrir →	hacer → hecho
decir → dicho	.... → roto
escribir →	ver → visto
poner → puesto	.... → vuelto

- El pretérito perfecto se usa para:
  - hablar de un pasado ....:
    – *Estos días **he tenido** que estudiar mucho.*
  - hablar de un pasado en un tiempo no terminado:
    – *Este año **he ido** a la playa.*

- Normalmente va con estas expresiones temporales:
  – **Este** fin de semana/mes/verano/año…
  – **Esta** mañana/tarde/semana…
  – **Estas** Navidades/semanas…
  – **Estos** días/meses…
  – **Hace** un rato/un momento/diez minutos…
  – **Ya**…
  – **Todavía no**…

- Para hablar del número de veces que se ha hecho algo usamos:

Siempre						
Muchas veces					
Algunas veces				
N.º de veces			
Una vez		
Ninguna vez	
Nunca	
Jamás	

Ver **Apéndice gramatical** p. 82   Videogramas

1 Ana está escribiendo en su diario lo que ha hecho el fin de semana. Completa los espacios utilizando los siguientes verbos en pretérito perfecto.

> hablar ▪ hacer ▪ ir ▪ ayudar ▪ decir ▪ volver ▪ ver ▪ terminar ▪ escribir ▪ poder

Este fin de semana **a** .... muchas cosas:
b .... a mi madre a hacer la compra,
c .... un texto ¡sobre el medioambiente para el instituto, **d** .... con mi padre por teléfono porque está en Barcelona y me **e** .... que es una ciudad muy interesante. **f** .... al cine con mis amigos del cole y **g** .... una película de terror. Lo malo es que M. no **h** .... venir porque está enfermo… Hace un rato **i** .... a casa y **j** .... los deberes de mañana. Buenas noches, diario, ¡mañana espero ver a M. y contarte!

2 Escribe algo que has hecho o que no has hecho.

Hace un rato   → ....
Este año   → ....
Este fin de semana   → ....
Todavía no   → ....
Nunca   → ....

3 Ahora compáralo con tu compañero/a, ¿coincidís en algo?

Unidad 1

LOS PRONOMBRES DE OBJETO DIRECTO E INDIRECTO

	Objeto directo	Objeto indirecto
yo	me	me
tú	te	te
él/ella/usted	... / ...	le (se)
nosotros/as	nos	nos
vosotros/as	os	os
ellos/ellas/ustedes	... / ...	les (se)

– He cogido **las** llaves y **las** he metido en el bolso.   – **Le** he dicho a Javier la verdad.

■ Al combinarse, el orden de los pronombres es siempre: objeto indirecto + objeto directo.
  ▶ ¿Dónde has dejado mi libro?
  ▷ **Te lo** he dejado encima de la mesa.
     a ti el libro

■ Cuando los pronombres de objeto indirecto *le* o *les* van antes de *lo, la, los, las*, cambian a *se*:
  (El libro, a él) → ~~Le~~ *lo* he dejado encima de la mesa. → **Se lo** he dejado encima de la mesa.

■ Los pronombres van normalmente delante del verbo:
  – **Me lo** ha contado Carolina.

> ! Cuando el verbo es un imperativo afirmativo, infinitivo o gerundio, los pronombres van después del verbo, formando una sola palabra:
> – Carolina, cuénta**melo**.

Videogramas

4 Completa con el pronombre de objeto indirecto adecuado.

a .... he dado a mi hermana su regalo de cumpleaños. (a ella)
b ¿................ dejas tu diccionario, por favor? (a mí)
c La profesora .... manda siempre muchos deberes. (a nosotros)
d A Carlos y a Juan también .... dije el día de mi cumpleaños. (a ellos)

5 Relaciona cada frase con la imagen correspondiente.

a Se lo ha contado.   b Se la ha puesto.   c Se la ha explicado.   d Se las ha regalado.

6 Completa los espacios en blanco con el pronombre de objeto correspondiente a las palabras entre paréntesis.

Hoy me he enfadado con mi hermana. Me ha pedido una camiseta y yo (a ella) a .... he dicho que (a ella) b .... (la camiseta) c .... dejaba, pero si no (la camiseta) d .... estropeaba. Ella (a mí) e .... ha dicho que vale, pero a los diez minutos (a mi hermana) f .... he visto sentada en el sofá comiendo chocolate y justo en ese momento... ¡(la camiseta) g .... ha manchado de chocolate!

Actividades interactivas

Mundo hispano
Cultura

UN VIAJE POR ESPAÑA

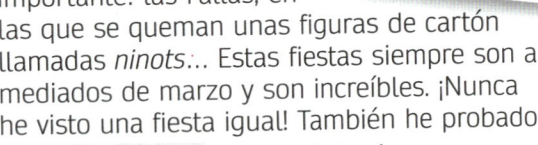

1 Leonard, un chico alemán, ha pasado unos meses en España. Ahora, en la playa, relee en su agenda todo lo que ha hecho, pero la agenda se ha mojado. Observa el mapa y las imágenes y ayuda a Leonard a reconstruir las palabras que se han borrado.

19 de marzo

He estado en **a** ...., una ciudad llena de luz. He visitado la Ciudad de las Artes y de las Ciencias y he disfrutado de la fiesta más importante: las Fallas, en las que se queman unas figuras de cartón llamadas *ninots*... Estas fiestas siempre son a mediados de marzo y son increíbles. ¡Nunca he visto una fiesta igual! También he probado **b** ...., que está riquísima.

27 de marzo

Hoy en **c** .... he visto la arquitectura modernista de Antoni Gaudí, como la Pedrera y la Sagrada Familia, todavía en construcción y desde la que se puede ver toda la ciudad. **d** .... un partido de fútbol del Barça, el equipo de la ciudad, y después he paseado por las Ramblas. ¡Había muchísima **e** ....!

12 de abril

Este finde he ido a **f** ...., he esquiado en la nieve y **g** .... la Alhambra, una impresionante ciudad amurallada árabe del siglo XIII. Por la noche **h** .... de tapas, ¡se sirven gratis con la bebida!

15 de mayo

He estado en **i** ...., una isla del archipiélago canario conocida como la "isla de los volcanes". He visitado el Parque Nacional de Timanfaya y **j** .... en camello. El paisaje es tan increíble que por un momento ¡he creído estar en otro planeta!

Unidad 1

4 de junio

He estado en **k** .... y he hecho surf en sus playas, donde hay mucha gente haciéndolo. Por la tarde **l** .... un espectáculo flamenco, pero lo que más me ha gustado ha sido el *pescaíto* frito que puedes **m** .... en cualquier sitio y que es ¡superbarato!

7 de julio

Ayer en **n** .... empezaron los Sanfermines. Están de fiesta hasta el día 14. Es una de las fiestas más populares de España. Todo el mundo viste de **ñ** .... con un pañuelo rojo, y los más valientes corren por las calles delante de los **o** .... ¡Ha sido divertidísimo!

25 de julio

Hoy he visitado la Catedral de **p** ...., donde está enterrado el apóstol Santiago y donde miles de peregrinos llegan haciendo el Camino de Santiago. Después, hemos ido a un restaurante y ¡**q** .... un marisco buenísimo!

7 de agosto

Ahora estoy en otra isla, **r** ...., que pertenece a las Islas Baleares. Me **s** .... en unas playas preciosas y he salido todos los días. Aquí hay mucha gente joven y ¡mucha fiesta! ¡Me lo **t** .... de miedo!

FIESTAS | EL DÍA DEL AMIGO

El Día del Amigo se inventó para celebrar la amistad. Inicialmente se celebraba solo en Argentina y Uruguay, donde eligieron el aniversario de la llegada del hombre a la Luna (20 de julio de 1969) para celebrarlo. Más tarde, otros países se unieron a este evento, si bien eligieron otras fechas para hacerlo. En 2011, la Asamblea General de las Naciones Unidas propuso extender esta celebración al resto de los países del mundo. Al 30 de julio se le llamó el Día Internacional de la Amistad.

El Café Tortoni, en Buenos Aires, es uno de los lugares más típicos para celebrar el Día de la Amistad.

En algunos países hispanoamericanos como México, República Dominicana, Costa Rica, Ecuador, Puerto Rico y Colombia, el 14 de febrero se celebra el Día del Amor y la Amistad. En otros lugares, como Guatemala, se llama el Día del Cariño, y en muchos países lo celebran como el Día del Amigo Secreto. Durante este día, los amigos se preparan regalos de forma secreta.

Puestos de libros y rosas, durante el Día de Sant Jordi, en Barcelona.

En Cataluña, España, se celebra el Día de Sant Jordi, también llamado Día de los Enamorados o Día del Libro y la Rosa. Según la tradición, los familiares, amigos o parejas regalan una rosa o un libro a las personas que quieren.

2 Contesta.

a ¿Celebras el Día Internacional de la Amistad? ¿Cómo?

b ¿Te gustaría celebrar el Día del Libro? ¿Crees que es una buena idea? ¿Por qué?

c En tu opinión, ¿crees que es importante tener un día que celebre el amor o la amistad? ¿Por qué?

Actividades interactivas   Spanish Blogger - Misión 14

Unidad 2

HISTORIAS DE LA VIDA

- **Sesión de cine**
  - *El examen de Historia*

- **Comunicación**
  - Relacionar y situar acciones en el pasado
  - Expresar la repetición de una acción

- **Vocabulario**
  - Álbum de familia
  - Momentos históricos

- **Gramática**
  - Pretérito indefinido regular e irregular (repaso)

- **Literatura**
  - *El capitán Alatriste*, de Arturo Pérez-Reverte

Misión 13

María   Luis   Ana

¿Qué ves?

1 Fíjate en la imagen: ¿qué asignatura crees que están estudiando?

2 Escribe el nombre de cada estudiante según la época de la historia de España de la que están hablando.

a La época de los Reyes Católicos y Cristóbal Colón.
➡ ....

b La llegada de los romanos.
➡ ....

c La llegada de los musulmanes a la península ibérica en el siglo VIII d.C.
➡ ....

3 Relaciona.

1. Al-Ándalus es el nombre que se le dio a los territorios de la península ibérica bajo dominio musulmán.
2. La Reconquista de la Península contra la dominación árabe finalizó en 1492 con los Reyes Católicos.
3. Hacia el año 200 a.C. gran parte de la Península empezó a formar parte del Imperio romano.
4. Las naves que llegaron a América con Colón fueron la Pinta, la Niña y la Santa María.

a   b   c   d

Sesión de cine — VÍDEO

Unidad 2

EL EXAMEN DE HISTORIA

SINOPSIS

Hoy los chicos han tenido un examen de Historia. ¿Cómo les habrá salido? En el pasillo hablan sobre las respuestas que ha puesto cada uno. A Santi no le ha salido muy bien. Normal, ha estudiado en el último momento.

1 Con tu compañero/a, responde a las siguientes preguntas.

a ¿Repasas las lecciones justo antes de empezar el examen?
b ¿Estás nervioso desde que empieza el examen hasta que termina?
c ¿Buscas las respuestas en el libro después del examen?
d ¿Hablas del examen con tus compañeros al día siguiente?
e ¿Tienes dificultades para memorizar fechas y las olvidas al cabo de poco tiempo?

2 Observa las siguientes imágenes e intenta ponerlas en orden.

3 Observa el vídeo y haz las actividades que te va a dar tu profesor/a.

Secuencia de vídeo   Actividades interactivas

Hablar por hablar — COMUNICACIÓN

RELACIONAR Y SITUAR ACCIONES EN EL PASADO

■ Para **relacionar dos acciones** en el pasado:

- Antes de + llegar/salir/empezar...
- Años/días/meses + más tarde...
- A los dos meses/A las tres semanas...
- Al cabo de + un mes/dos años...
- Al año/A la mañana + siguiente...
- Un día/mes/año + después...

– **Antes de salir** de casa, cogí las llaves.
– Empecé a leer un libro y **al cabo de dos horas** lo terminé.

■ Para expresar el **inicio de una acción**:

- Desde el lunes/1980/marzo...

– **Desde** marzo estudio español.

■ Para expresar la **duración de una acción**:

- De... a
- Desde... hasta
- Durante

– Estuve estudiando español **desde** las cinco **hasta** las ocho.
– Estuve estudiando español **durante** tres horas.

■ Para expresar el **final de una acción**:

- Hasta (que)

– Estudié español **hasta que** cumplí dieciocho años y viajé a España.

1 Selecciona la opción correcta.

> hasta que ■ antes de ■ en 2000 ■ durante ■ desde que ■ al cabo de dos años

a Mis padres se casaron .... y .... nací yo.
b No me lo creí .... Sergio no me lo contó.
c .... empezó el curso, Víctor no ha hecho ningún día los deberes.
d Empecé a ir a clases de piano .... cumplir los cinco años.
e Estuve viajando por Europa .... dos años.

2 Escribe lo que hizo Jorge la semana pasada. Utiliza las expresiones aprendidas sin repetir ninguna.

lunes, 9:00

martes

Fue a estudiar a la biblioteca al día siguiente.

jueves, 10:00

jueves, 17:00

sábado

3 ¿Qué hiciste el año pasado? Habla con tu compañero/a.

Unidad 2

EXPRESAR LA REPETICIÓN DE UNA ACCIÓN

- Para expresar la repetición de una acción se usa la forma **volver a** + infinitivo:
  - Cristóbal Colón viajó a América en 1492 y **volvió a viajar** allí varias veces más.
  - Después de tres años, este verano he **vuelto a ir** al pueblo de mis abuelos.
  - El próximo curso **vuelvo a estudiar** francés en el instituto.

4 Completa estos diálogos con los verbos del recuadro conjugados en la persona del pretérito indefinido adecuada. Después, escucha y comprueba.

> volver a quedar ▪ volver a ganar ▪ volver a comprar

Diálogo A

▶ ¿Sabes que el otro día perdí el libro de Historia?
▷ ¿Sí? ¿Y qué hiciste?
▶ Pues .... otro. No sabes el enfado que tiene mi madre…
▷ Ya, me lo imagino.

Diálogo B

▶ ¿Te acuerdas de Jaime, aquel chico que conocimos el año pasado en los campamentos?
▷ Sí, era muy simpático. ¿Sabes algo de él?
▶ Pues hace mucho que no. .... alguna vez, pero perdí su teléfono. Tú no lo tienes, ¿no?

Diálogo C

▶ ¿Sabes cuántas veces ha ganado el Mundial de Fútbol Argentina?
▷ Una, ¿no?
▶ No, dos. Lo ganó en 1978 y después lo .... en 1986.

5 Observa las imágenes y las fechas y construye frases con *volver a* + infinitivo.

Mi tío/1995/2010   Examen/diciembre/marzo   Elecciones/Presidente/2008/2012   Luisa/Óscar/2002/2010

a ....

b ....

c ....

d ....

6 Escribe y representa con tu compañero/a un diálogo como los del ejercicio 4.

Actividades interactivas

Palabra por palabra VOCABULARIO

Álbum de familia

1 Sergio está viendo con su abuela el álbum de fotos familiar. Relaciona las fotografías con lo que cuenta la abuela de Sergio.

1 ⬜ Esta es del primer día que tu padre **fue a la universidad**. **Se graduó** cinco años después.

2 ⬜ Tu padre y tu madre **se conocieron** en la fiesta de cumpleaños de un amigo de la facultad. **Se enamoraron** en el momento en el que se vieron.

3 ⬜ Cuando tus padres **empezaron a salir** tu padre le regaló a tu madre un anillo precioso que desde entonces siempre lleva puesto.

4 ⬜ El día que **se casaron** tus padres, tu madre se enfadó mucho porque en lugar de ser ella la que llegó tarde a la boda ¡fue tu padre!

5 ⬜ El día que tu abuelo **se jubiló** compró dos billetes de avión y nos fuimos de vacaciones a Mallorca.

6 ⬜ Cuando **naciste**, todos nos pusimos muy contentos y fuimos al hospital a verte todos tus abuelos.

7 ⬜ Esta foto es del día que tu padre **empezó a trabajar** como arquitecto. Todavía recuerdo lo nervioso que estaba ese día.

8 ⬜ El primer día que **fuiste al colegio** estuviste llorando hasta que tu madre te recogió por la tarde.

2 Ordena cronológicamente los verbos resaltados en la vida de una persona, según tu opinión. Compara con tu compañero/a, ¿coincidís?

a _nacer_
b ....
c ....
d ....
e ....
f ....
g ....
h ....
i ....
j ....

3 Cuéntale a tu compañero/a la historia de tu familia. ¿Coincidís en muchas cosas? ¿Qué es lo más curioso que te ha contado tu compañero/a?

– Mi abuelo nació en Almería y mi abuela en un pueblecito de Málaga. Se conocieron a los 15 años en...

30 treinta

Unidad 2

Momentos históricos

4 Relaciona las palabras de la columna de la izquierda con las de la derecha según su significado.

1 **Invadir:** entrar en un país por la fuerza de forma inesperada.
2 **Reinar:** solo lo pueden hacer los reyes.
3 **Descubrir:** ver o encontrar algo por primera vez.
4 **Guerra:** lucha entre naciones o partes de una nación.
5 **Ganar:** obtener la victoria sobre el enemigo.

- a **Explorar:** reconocer o examinar con detenimiento un lugar nuevo.
- b **Batalla:** cada una de las luchas que se producen dentro de un conflicto armado.
- c **Conquistar:** ganar mediante una guerra un territorio.
- d **Vencer:** derrotar o rendir al enemigo.
- e **Gobernar:** lo puede hacer un rey o un político.

5 Completa la siguiente tabla según el ejemplo.

Verbo	Nombre
	reino/reinado
	descubrimiento
vencer	**victoria**

Verbo	Nombre
conquistar	
	gobierno
	exploración

! *Luchar* en una *batalla*.
Combatir en una *guerra*.
Ganar una *batalla*, una *guerra*...

6 Lee los siguientes textos sobre la vida de dos personajes históricos y completa los espacios con algunas de las palabras del ejercicio anterior.

RODRIGO DÍAZ

Conocido como **el Cid Campeador**, nació en Burgos en 1043. Fue un caballero castellano que a .... el Levante de la península ibérica, ganando así el perdón del rey de Castilla, que lo desterró de su reino años antes. Luchó en numerosas batallas en las que b .... a los árabes, lo que lo convirtió en un héroe de la Reconquista. Su vida inspiró una de las obras más importantes de la literatura española: *El Cantar del mío Cid*.

AMÉRICO VESPUCIO

Nació en Florencia en el año 1454. Fue un navegante que trabajó al servicio de los reyes de Portugal y de Castilla. Se considera que fue el primer europeo en darse cuenta de que las tierras que c .... Cristóbal Colón pertenecían a un nuevo continente. Por esta razón, en 1507 el cartógrafo Martin Waldseemüller utilizó en un mapa el nombre de "América" en su honor para designar al Nuevo Mundo después de la d ....

7 Escribe la vida de un personaje histórico de tu país.

Actividades interactivas

Paso a paso

GRAMÁTICA

PRETÉRITO INDEFINIDO REGULAR

REPASO

	viajar	volver	salir
yo	viaj**é**	volv...........	sal**í**
tú	viaj...........	volv**iste**	sal...........
él/ella/usted	viaj**ó**	volv...........	sal**ió**
nosotros/as	viaj...........	volv**imos**	sal...........
vosotros/as	viaj**asteis**	volv...........	sal**isteis**
ellos/ellas/ustedes	viaj...........	volv**ieron**	sal...........

❗
- La 2.ª y 3.ª conjugación tienen las mismas ....
- La 1.ª persona del plural es igual a la del presente de indicativo en la 1.ª y 3.ª conjugación ....

Videogramas ▶

1 Busca en la sopa de letras ocho verbos en pretérito indefinido. Aquí tienes una pista de cada verbo.

a Lo contrario de *entrar* (3.ª persona singular).
b Lo hacen con un boli y un papel.
c Lo contrario de *encontrar* (1.ª persona singular).
d Cuando tienen que tomar una decisión.
e Lo contrario de *irse* (1.ª persona plural).
f Cuando vais a México, a Cuba, a Francia…
g Cuando ves a alguien por primera vez. ✓
h Lo contrario de *perder* (1.ª persona singular).

```
c o n o c i s t e  r d
f f g j a b o u i  l f
a g s e l y ó o i  o e
d e c i d i e r o  n e
h y e n c o n t r  é v
e t r o e ó s b o  t o
s v u e i v e i v  s l
c o i l s b o a i  a v
r g a p i p r i a  m i
i s a a e n n o j  b m
b e o i e r r t a  n o
i h a w l d d t s  h s
e ó b a l ú o í t  l f
r f v s i e v o e  o e
o a s q m f o j i  s e
n f r e i a x a s  u n
```

2 Escribe frases con seis de esos verbos.

a ....
b ....
c ....
d ....
e ....
f ....

3 Piensa en otros tres verbos regulares en pretérito indefinido y escribe una pista como en el ejercicio 1. Tu compañero/a tiene que adivinar de qué verbos se trata.

a ....
b ....
c ....

Unidad 2

VERBOS IRREGULARES EN LA 3.ª PERSONA

Algunos verbos de la 3.ª conjugación presentan un cambio vocálico en la 3.ª persona del singular y plural.

	(e i) **pedir**	(o u) **dormir**	(i ➔ y) **construir**
yo	pedí	dormí	construí
tú	pediste	dormiste	construiste
él/ella/usted	p**i**dió	d**u**rmió	constru**y**ó
nosotros/as	pedimos	dormimos	construimos
vosotros/as	pedisteis	dormisteis	construisteis
ellos/ellas/ustedes	p**i**dieron	d**u**rmieron	constru**y**eron

Ver **Apéndice gramatical** p. 83   Videogramas

REPASO

OTROS VERBOS IRREGULARES

1 ¿Cómo se conjugan los verbos **ser/ir** y **dar** en pretérito indefinido?

	ser/ir	dar
yo		
tú		
él/ella/usted		
nosotros/as		
vosotros/as		
ellos/ellas/ustedes		

2 ¿Cómo cambian su raíz algunos verbos irregulares?

a hacer ➔ ....
b querer ➔ ....
c poder ➔ ....
d tener ➔ ....
e estar ➔ ....
f caber ➔ ....

Ver **Apéndice gramatical** p. 84

4 Completa el texto conjugando los verbos entre paréntesis en pretérito indefinido. ¿Sabes de qué famoso artista español habla?

a .... (Nacer) en Málaga en 1881 y b .... (morir) en Mougins, Francia en 1973. c .... (Seguir) los pasos de su padre José Ruiz Blasco, que d .... (ser) artista, profesor de arte y su maestro. e .... (Hacer) sus primeros dibujos a lápiz. f .... (Aprender) con los dibujos de su padre y los g .... (repetir) con una perfección increíble para un niño de su edad. Cuentan que una vez le h .... (pedir) a su padre un lápiz y un papel y i .... (dibujar) unas palomas tan perfectas que su padre j .... (sentirse) peor artista que su propio hijo. Hoy en día está considerado el artista más importante del siglo XX y uno de los que más k .... (influir) en el desarrollo del arte moderno.

5 Clasifica los verbos que han aparecido en el texto.

Regulares	Irregulares e>i (3.ª p.)	Irregulares o>u (3.ª p.)	Irregulares i>y (3.ª p.)	Otros irregulares
nació,				

Actividades interactivas

Érase una vez... LITERATURA

1 Lee la biografía de este escritor español.

Arturo Pérez-Reverte

Arturo Pérez-Reverte es uno de los escritores españoles más leídos y más traducidos. Nació en Cartagena (España) en 1951. Desde 1973 hasta 1994, trabajó como corresponsal de guerra para prensa, radio y televisión. Es un escritor muy premiado tanto nacional como internacionalmente por su labor artística y periodística. Entre otros premios, recibió en 1993 el Príncipe de Asturias de Periodismo, por su trabajo como periodista para TVE en la guerra de la antigua Yugoslavia. En 1998 fue nombrado Caballero de la Orden de las Letras y las Artes de Francia y en 2003 ingresó en la Real Academia de la Lengua Española.

Pérez-Reverte es autor de numerosas novelas de éxito, algunas de las más conocidas son: *El club Dumas*, novela en la que se basó la película *La novena puerta* (1999) del director Roman Polanski, y protagonizada por Johnny Depp; y *Las aventuras del capitán Alatriste*, a quien dio vida en la gran pantalla Viggo Mortensen, en la película llamada *Alatriste* (2006), dirigida por Agustín Díaz Yanes.

Las aventuras del capitán Alatriste es quizás su obra más famosa. Son siete libros que cuentan la historia de Diego Alatriste, un antiguo soldado de la España imperial del siglo XVII y su joven ayudante Íñigo Balboa. Los dos juntos viven apasionantes aventuras de luchas, traiciones, amistad, lealtad y amor en un Madrid oscuro y lleno de peligros.

(Adaptado de http://www.perezreverte.com/biografia)

2 Escribe las preguntas para estas respuestas.

a ....
.... ➔ En Cartagena.

b ....
.... ➔ 21 años.

c ....
.... ➔ En 2003.

d ....
La novena puerta? ➔ En *El club Dumas*.

e ....
.... ➔ Agustín Díaz Yanes.

3 Vas a leer y a escuchar un fragmento de su obra *Las aventuras del capitán Alatriste*. Antes, elige...

1 Un espadachín es...
  a una persona que usa bien la espada.
  b un tipo de espada.

2 Un soldado es...
  a cada una de las personas que forman un ejército.
  b una persona que forma parte del ejército y tiene el grado inferior.

3 La herencia es...
  a el conjunto de objetos (dinero, joyas, propiedades, etc.) que una persona deja a otras cuando muere.
  b el oro, el dinero y las joyas que buscan los piratas.

Unidad 2

4 Lee y escucha.

Las aventuras del capitán Alatriste

No era el hombre más honesto ni el más piadoso, pero era un hombre valiente. Se llamaba Diego Alatriste y Tenorio, y había luchado como
5 soldado en las guerras de Flandes. Cuando lo conocí, malvivía en Madrid, prestando sus servicios como espadachín por cuatro monedas a otros que no tenían la destreza para solucionar sus propios asuntos. [...] Ahora es fácil criticar eso; pero en
10 aquellos tiempos la capital de las Españas era un lugar donde la vida había que buscársela de cualquier forma. [...]
El capitán Alatriste, por lo tanto, vivía de su espada. Hasta donde yo alcanzo, lo de capitán era más un
15 apodo que un grado real. Una noche tuvo que cruzar, con otros veintinueve compañeros y un capitán [...], un río helado, con la espada entre los dientes y solo con una camisa a fin de confundirse con la nieve, para sorprender al ejército holandés, que era
20 el enemigo de entonces porque pretendían proclamarse independientes. [...]
Solo dos soldados españoles consiguieron regresar a la otra orilla cuando llegó la noche. Diego Alatriste era uno de ellos, y como
25 durante toda la jornada había mandado sobre la tropa –al capitán de verdad lo mataron–, se le quedó el mote. [...]
Mi padre fue el otro soldado español que regresó aquella noche. Se llamaba Lope Balboa y también era un hombre valiente. Dicen que
30 Diego Alatriste y él fueron muy buenos amigos, casi como hermanos; y debe ser cierto porque después, cuando a mi padre lo mataron, le juró ocuparse de mí. Esa es la razón de que, a punto de cumplir los trece años, mi madre me mandó a vivir con el capitán. Así fue como entré a servir al amigo de mi padre.

(Adaptado de *Las aventuras del capitán Alatriste*, Arturo Pérez-Reverte, 1996)

5 Contesta a las siguientes preguntas.

a ¿En qué trabajaba Diego Alatriste en Madrid? →

b ¿Por qué tiene el apodo de "capitán"? →

c ¿Quién es el narrador de la historia? →

d ¿Por qué fue a vivir con Diego Alatriste? →

6 Habla con tu compañero/a. ¿Cómo te imaginas al capitán Alatriste?

Actividades interactivas   Spanish Blogger - Misión 13

Unidad 3

¡QUÉ CURIOSO!

Sesión de cine
- Esther, la bailarina

Comunicación
- Hablar de hechos curiosos y contar anécdotas
- Describir experiencias personales

Vocabulario
- Los jóvenes y el tiempo libre
- Curiosidades

Gramática
- Contraste pretérito perfecto e indefinido
- Los pronombres y adjetivos indefinidos

Cultura
- Historias maravillosas

Spanish Blogger — Misión 15

Irene   Paula

¿Qué ves?

1 Observa la imagen y contesta a las preguntas.

a ¿Qué tienen las chicas en la mano?
b ¿Crees que han visto una película o la van a ver?
c ¿Cuál es la última película que has visto tú?
d ¿Conoces alguna película de Penélope Cruz? ¿Cuál?

2 Relaciona las expresiones de tiempo con los momentos de la vida de Penélope Cruz.

> durante su vida ▪ en los años ochenta ▪ en 2010 ▪ durante cuatro años
> hasta ahora ▪ en 1974 ▪ este año ▪ desde los 5 hasta los 18

Nació a ...., en Madrid. b .... años estudió *ballet*. Sus primeros trabajos fueron c ...., con anuncios publicitarios, vídeos musicales, televisión... En 1991 empezó a trabajar en el cine y d .... no ha parado de hacer películas. e ...., de 2001 a 2004, fue novia de Tom Cruise, antes de ganar un Óscar.
f .... ha tenido que aprender varios idiomas, porque ha rodado películas en Italia, Francia, Estados Unidos... g .... se casó con Javier Bardem y un año después tuvo a su primer hijo.
h .... ha dicho que está en un momento muy feliz de su vida.

Penélope Cruz

Sesión de cine — VÍDEO

Unidad 3

Esther, la bailarina

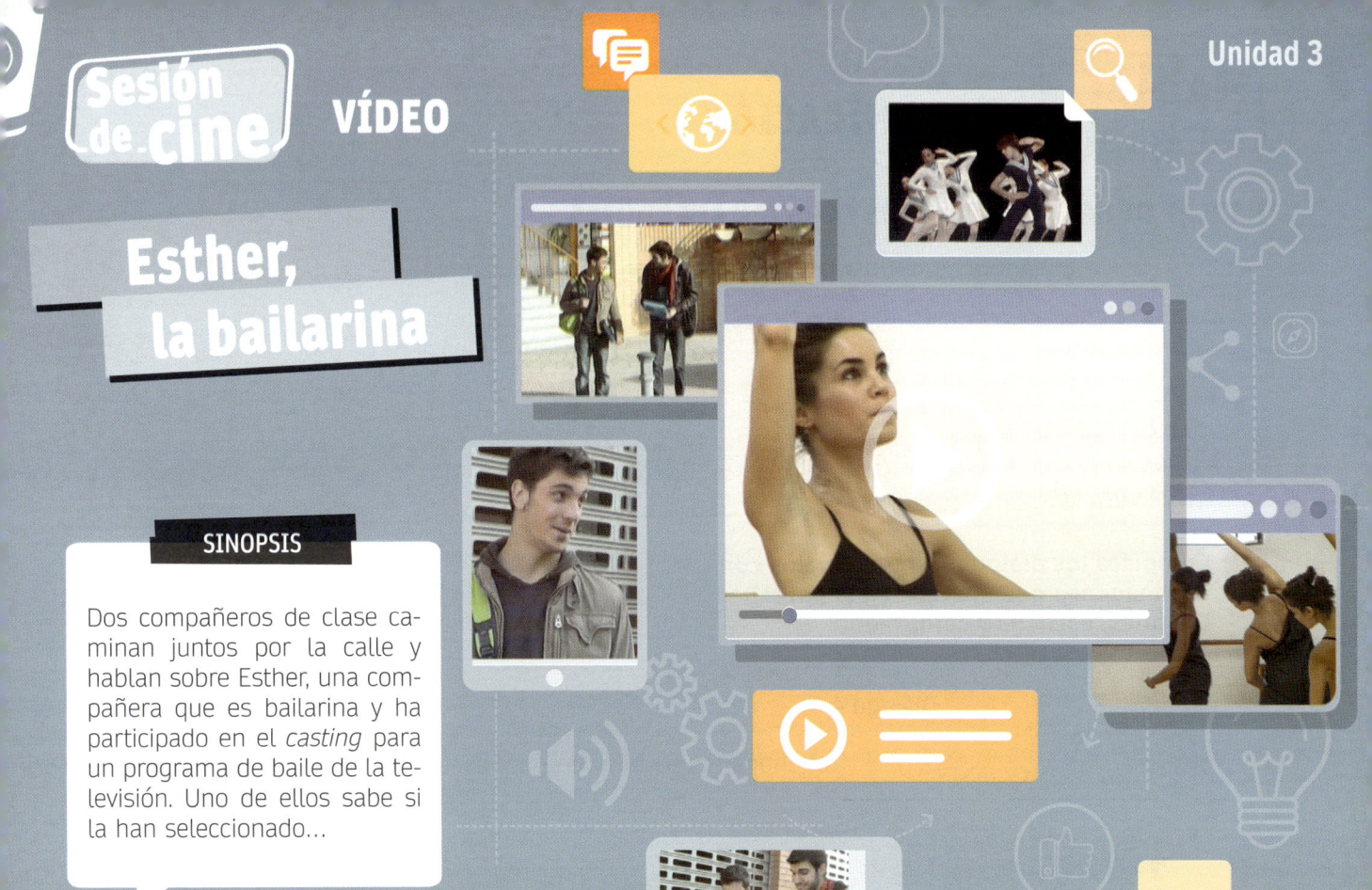

SINOPSIS

Dos compañeros de clase caminan juntos por la calle y hablan sobre Esther, una compañera que es bailarina y ha participado en el *casting* para un programa de baile de la televisión. Uno de ellos sabe si la han seleccionado...

1 Mira las imágenes y responde a las preguntas.

a ¿Dónde van estos chicos?
b ¿Sobre qué están hablando?
c ¿Crees que a alguno de ellos le gusta bailar?
d ¿Quiénes son los chicos que están bailando en la foto de la derecha?
e ¿Es una foto actual o antigua?

2 Observa el vídeo y haz las actividades que te va a repartir tu profesor/a.

Secuencia de vídeo   Actividades interactivas

treinta y siete **37**

Hablar por hablar — COMUNICACIÓN

HABLAR DE HECHOS CURIOSOS Y CONTAR ANÉCDOTAS

■ Para **contar anécdotas** o **curiosidades**:
– ¿Sabías que...? – Cuentan que...
– Dicen que... – ¿Sabes...?

■ Para **reaccionar** o mostrar **interés**:
– Cuenta, cuenta... – ¿De verdad?
– ¡No me digas! – ¡Qué curioso!

▶ ¿**Sabes** cuál es el insecto que puede saltar más?
▷ No, **cuenta, cuenta**...
▶ La pulga, puede saltar 200 veces su propia altura.
▷ ¡**Qué curioso**!

1 Completa los diálogos y relaciónalos con las imágenes que aparecen a la derecha. Después, escucha y comprueba.

de verdad ▪ cuenta, cuenta ▪ qué curioso
sabías que ▪ cuentan que ▪ sabes

Diálogo A

▶ ¿1 .... el Chupa Chups lo inventó un español?
▷ ¿2 ....?
▶ Sí, se llamaba Enric Bernat y tuvo la idea de colocarle un palo a un caramelo porque veía que los niños se manchaban las manos. Se hizo tan popular que hoy en día podemos encontrarlo en cualquier parte del mundo.

Diálogo B

▶ ¿3 .... cuál es el origen de la siesta?
▷ No, 4 ....
▶ Pues se trata de una antigua norma de guardar reposo y silencio después de la sexta hora latina (nuestro mediodía), al ser la hora de más calor. Por eso, entre las tres y las cinco de la tarde, no está bien visto en España llamar a nadie por teléfono.

Diálogo C

▶ ¿Sabes qué es un botijo?
▷ ¿Un botijo? No, cuenta, cuenta...
▶ Es un recipiente de barro cocido que sirve para contener agua; y si lo colocas al sol, la enfría.
▷ ¡5 ....!
▶ Sí, 6 .... procede del tiempo en el que los romanos dominaban la península ibérica.

2 Fíjate en las imágenes y cuenta una anécdota a tu compañero/a. Él/ella tiene que reaccionar.

Alumno A

Alumno B

Unidad 3

DESCRIBIR EXPERIENCIAS PERSONALES

– ¿Has estado **alguna vez** en España?

Para responder afirmativamente

– **Sí**, (he estado) **muchas veces/varias veces/dos veces/una vez**…
– **Sí**, (he nadado con delfines) **muchas veces**.

- Cuando ya hemos realizado una acción:
  – **Ya** he estado/nadado.
  – **Ya** he comido.

– ¿Has nadado **alguna vez** con delfines?

Para responder negativamente

– **No**, (no he estado) **nunca**.
– **No**, (no he nadado con delfines) **nunca**.

- Cuando tenemos intención de hacer algo pero aún no lo hemos hecho:
  – **Todavía/Aún no** he estado/nadado.
  – **Todavía/Aún no** he comido.

! En español los adverbios *ya, todavía, aún no* preceden o siguen al pretérito perfecto; pero nunca van entre el auxiliar y el participio:

– **Ya** he nadado con delfines.
– He nadado **ya** con delfines.

He ~~ya nadado~~ con delfines.

3 ¿Cuáles de las siguientes cosas has hecho? Habla con tu compañero/a. En caso afirmativo di cuántas veces, y en caso negativo puedes usar *nunca* o *todavía no*.

- Plantar un árbol.
- Ir a un concierto.
- Aprender a tocar un instrumento.
- Tener una mascota.
- Ir a una discoteca.
- Escalar una montaña.
- Cruzar el Atlántico.
- Hacer un viaje sin los padres.
- Hacer submarinismo.
- Viajar en barco.
- Ganar un premio.
- Enamorarse.

4 ¿Tenéis algo en común? ¿Qué es lo que más te sorprende de tu compañero/a?

5 Piensa en tres cosas originales que has hecho en tu vida. Después, cuéntaselas a tu compañero/a y pregúntale si él/ella también las ha hecho.

Actividades interactivas

Palabra por palabra VOCABULARIO
Los jóvenes y el tiempo libre

1 Lee y completa.

> teléfono • videojuegos • televisión • WhatsApp
> juegos de mesa • ordenador • Facebook e Instagram
> • culturales • internet • hacer deporte

Un reciente estudio realizado a los jóvenes españoles de entre 15 y 18 años sobre sus prioridades en la vida concluye que el tiempo libre es una de sus prioridades y son la primera generación de españoles que dedica más tiempo a **a** .... que a la televisión. Los **b** .... son otro de sus pasatiempos.
Las actividades que más practican son: usar el **c** ...., escuchar música o la radio, salir o reunirse con amigos y ver la **d** .... En segundo lugar se sitúan actividades como ir a bailar, **e** ...., asistir a conciertos o leer libros.
En último lugar se encuentran actividades como visitar museos o exposiciones, colaborar con una ONG o asistir a conferencias. Atrás quedaron algunos de los más populares **f** .... de otros tiempos como el parchís, la oca o las cartas.
En general, lo que más les gusta es salir del entorno familiar y estar con los amigos, ya sea presencialmente o mediante redes sociales como **g** ....; y lo que menos practican son las actividades **h** ...., porque las consideran actividades escolares y no de ocio.
Lo que más diferencia a los nuevos adolescentes es el uso de las nuevas tecnologías, principalmente las interactivas, motivo por el que internet y el **i** .... móvil están desplazando a la televisión, y **j** ...., al correo electrónico.
Pero, aunque la adolescencia tiene mala fama y algunas personas dicen que los jóvenes no tienen principios ni control, según el psiquiatra español Luis Rojas Marcos, la mayoría de ellos son bondadosos, curiosos, inquietos y altruistas.

2 Completa con palabras del texto.

Juegos de mesa	Nuevas tecnologías (actividades)
dominó, trivial,	chatear,

Actividades al aire libre	Actividades educativas o solidarias
montar a caballo, rafting,	talleres, rehabilitación de casas,

3 Contesta a las siguientes preguntas y coméntalas con tu compañero/a.

a ¿Te sientes identificado con el texto? ¿Por qué?
b ¿Cuáles son tus hábitos de tiempo libre?
c ¿Se parecen los jóvenes españoles y los de tu país? ¿En qué sí y en qué no?

Unidad 3

Curiosidades

4 Relaciona cada palabra con su definición.

1 inventar
2 desembarcar
3 creador
4 conseguir
5 pico
6 lograr

- a Llegar a un lugar en barco con la intención de iniciar una actividad.
- b Sinónimo de conseguir y alcanzar.
- c Alcanzar lo que se pretende o desea.
- d Cumbre, punto más alto de una montaña.
- e Persona que hace algo nuevo o encuentra una nueva manera de hacer algo.
- f Idear algo nuevo artística o intelectualmente.

5 Comprueba las respuestas del ejercicio 4 leyendo las siguientes preguntas.

a ¿Sabes con qué otro nombre se conoció al **creador** del *Quijote*, Miguel de Cervantes?
b ¿Con el gol de qué futbolista **consiguió** la selección española de fútbol ganar el Mundial de Sudáfrica? ¿Contra qué otra selección jugaban?
c ¿Qué actor español de fama internacional **ha logrado** ganar un Óscar? ¿Con qué película?
d ¿Sabes quién **inventó** el submarino?
e ¿Sabes cuál es el **pico** más alto de la península ibérica y dónde se encuentra?
f ¿Qué pueblo **desembarcó** en la localidad de Ampurias en el 218 a.C., iniciando la dominación de la península ibérica?

6 Escribe en estas tarjetas de Trivial la letra de la pregunta del ejercicio 5 que le corresponda según su categoría. ¿Sabes las respuestas? Juega con tu compañero/a. Después, escucha y comprueba.

HISTORIA
Pregunta:
Respuesta:

GEOGRAFÍA
Pregunta:
Respuesta:

ARTE Y LITERATURA
Pregunta:
Respuesta:

CINE Y ESPECTÁCULOS
Pregunta:
Respuesta:

CIENCIA
Pregunta:
Respuesta:

DEPORTES
Pregunta:
Respuesta:

Actividades interactivas

cuarenta y uno 41

Paso a paso GRAMÁTICA

CONTRASTE PRETÉRITO PERFECTO E INDEFINIDO

- El **pretérito perfecto** se usa para hablar de:
  - acciones terminadas en un periodo de tiempo no acabado:
    – Este año **he viajado** mucho.
    – Esta mañana **he desayunado**. (El año y la mañana todavía no han terminado)
  - acciones terminadas que tienen relación con el presente:
    – No puedo **entrar** porque he perdido la llave.
  - acciones terminadas en un pasado no concreto:
    – Yo ya **he visitado** tres teatros romanos.
  - **Expresiones temporales** que se usan con el **pretérito perfecto**:
    – Esta tarde/mañana/semana/primavera...
    – Este fin de semana/año/invierno...
    – Hoy...
    – Ya/Todavía no/Nunca...
    – Hace un rato/cinco minutos...

- El **pretérito indefinido** se usa para hablar de:
  - acciones terminadas en un periodo de tiempo acabado:
    – Ayer **vimos** una peli muy buena.
    – El otro día no **fui** a clase.
  - acciones que no tienen relación con el presente:
    – En marzo **viajé** a Bélgica.
  - **Expresiones temporales** que se usan con el **pretérito indefinido**:
    – La semana/primavera... pasada
    – El fin de semana/año/mes... pasado
    – Hace tres días/dos años...
    – Ayer/Anteayer/El otro día...
    – En verano/otoño/1980...

Videogramas ▶

1 Señala el tiempo verbal correcto.

a Esta tarde **han dado** / **dieron** en la tele un reportaje sobre inventos de la Historia.

b Yo nunca **he estado** / **estuve** en España pero sí **he estado** / **estuve** en Portugal.

c Ayer **hemos tenido** / **tuvimos** clase de Matemáticas y hoy **hemos tenido** / **tuvimos** de Literatura.

d Tengo un examen la semana que viene y todavía no **he empezado** / **empecé** a estudiar.

e ▷ El otro día **he visto** / **vi** a Luis y lo encontré un poco raro. ¿Sabes si le pasa algo?
   ▷ No, yo lo **he visto** / **vi** hace un rato y estaba como siempre.

f En verano **hemos ido** / **fuimos** de vacaciones a Menorca.

2 Di qué frases son incorrectas y corrígelas.

a Hace dos días fui a un concierto y me lo pasé genial. ➡ ....
b Hace cinco minutos llamé a mi amigo Luis por teléfono. ➡ ....
c El finde pasado he ido a la montaña. ➡ ....
d Todavía no he hecho los deberes de Matemáticas. ➡ ....

Unidad 3

LOS PRONOMBRES Y ADJETIVOS INDEFINIDOS

■ Los indefinidos se usan para referirse a personas o cosas de un modo general. Algunos indefinidos funcionan como pronombres y son invariables.

Pronombres

personas	cosas
alguien nadie	algo nada
▸ ¿**Alguien** ha visto mi libro de mates?	▸ ¿Quieres **algo** de comer?
▸ No, **nadie**.	▸ No quiero **nada**, gracias.

! Estos pronombres pueden ir seguidos de un adjetivo, que será siempre masculino singular:
– ¿Hay **alguien** dispuest**o** a hablar con el profe en nombre de la clase?

■ Algunos indefinidos tienen función de pronombre y de adjetivo y se usan para hablar de cosas y de personas. Concuerdan en género y número con el sustantivo al que acompañan o sustituyen.

Pronombres — personas y cosas

alguno/a/os/as   ninguno/a
– ¿**Algún** chico es de Francia? **Ninguno**.
– **Algunos** de mis amigos hablan francés.

Adjetivos — personas y cosas

algún/a/os/as   ningún/a/os/as
– No hay **ningún** chico de Francia.
– Tengo **algunos** libros que te van a gustar.

! ■ *Algún* y *ningún* se usan delante de un sustantivo masculino singular:
– ¿Ves **algún** coche?

■ Cuando en la frase aparece otro elemento negativo, *nada*, *nadie*, *ningún*, *ninguno/a* van después del verbo:
– **Ningún** amigo le llamó. ➔ **No** le llamó **ningún** amigo.

Ver **Apéndice gramatical** p. 43   Videogramas

---

3 Completa los siguientes diálogos con los pronombres *alguien*, *nadie*, *algo* o *nada*.

a ▸ ¿Qué tal llevas el examen?
▸ Fatal, no he estudiado ……………………, porque ayer me encontraba fatal.

b ▸ Me voy al supermercado, ¿quieres que te traiga ……………………?
▸ No, no necesito ……………………, gracias.

c ▸ ¿…………………… ha visto a Marta? Tengo que decirle …………………… muy importante.
▸ No, …………………… la ha visto.

4 Completa con *ningún*, *ninguno*, *ninguna*, *algún*, *alguno* o *alguna*. Después, di si funcionan como pronombres (P) o adjetivos (A).

a ▸ ¿No hay …………………… tren para Murcia?   (P) (A)
▸ Seguro que hay …………………….   (P) (A)

b No conozco a …………………… chica rusa en este instituto.   (P) (A)

c ¿…………………… de vosotras tiene hambre?   (P) (A)

d ▸ ¿Tienes …………………… libro de Historia del Arte?   (P) (A)
▸ Yo no tengo …………………….   (P) (A)

Actividades interactivas

Mundo hispano
Cultura

HISTORIAS MARAVILLOSAS

Chichén Itzá, México.

¿Sabías que...

1 Lee estas curiosidades sobre el mundo hispano. Después, relaciónalas con los recuadros.

1. En América, antes de llegar los españoles, existían más idiomas que en todo el resto del mundo.

2. En Jalisco, México, hay un árbol que se llama Mariachi. Con su madera se hacen guitarras. Por eso, los guitarristas de canciones tradicionales mexicanas se llaman mariachis.

3. Los dinosaurios se extinguieron hace más de 65 millones de años por un meteorito que cayó en la península de Yucatán.

4. Venezuela quiere decir "pequeña Venecia" y los españoles le pusieron este nombre al país porque las construcciones de los indígenas en el lago Maracaibo les recordaban a los canales de Venecia.

5. México significa "en el ombligo de la Luna". Su nombre está formado por la unión de las palabras *Metztli* (luna) y *xictli* (ombligo). Los aztecas pronunciaban "*Meshico*", así que los españoles lo escribieron con "x" porque antiguamente esta letra se pronunciaba como *shi*, es decir, que pronunciaban la palabra como en la lengua original y no como lo hacemos ahora, con el sonido "j". El sonido *shi* ahora no existe en español.

a Curiosidad ☐: Otra teoría dice que el nombre es autóctono, y correspondía al nombre que los indígenas daban a una zona.

b Curiosidad ☐: La "x" empezó a pronunciarse como "j" en el siglo XVII y muchas de las palabras que se escribían con "x" ahora se escriben con "j", excepto México, que se ha conservado por razones históricas.

c Curiosidad ☐: Existían más de 1 000 000.

d Curiosidad ☐: Las canciones se llaman rancheras.

e Curiosidad ☐: La Tierra estuvo varios meses en la oscuridad.

Unidad 3

Historias curiosas de Hispanoamérica

Los países hispanoamericanos son ricos en tradiciones y en imaginación. Para explicar el origen del mundo y los fenómenos naturales, las culturas prehispánicas imaginaron historias maravillosas. En muchas de ellas, los animales de la región como el jaguar, el quetzal y la llama, son los protagonistas.

El jaguar es el felino más grande de América. Era un animal sagrado para las culturas precolombinas, ya que simbolizaba el poder y la fuerza. Es protagonista de muchas leyendas. Una de ellas cuenta que el jaguar saltó al cielo para agarrar el sol, pero el águila se lo quitó. Los dos animales pelearon y, al día siguiente, el jaguar despertó con manchas en la piel, resultado de las quemaduras del sol.

El quetzal es el pájaro nacional de Guatemala. Tiene plumas coloridas y una larga cola. En la época prehispánica, sus plumas eran tan valiosas que se usaban como moneda. Una de las leyendas dice que cuando los indios lucharon contra los conquistadores españoles hubo un río de sangre. El quetzal bajó de los árboles a mirar y parte de sus plumas verdes se volvieron rojas por la sangre.

La llama es un animal muy importante en la zona de los Andes. Está presente en la vida diaria: se usa para el transporte, por su lana y por su carne. Los antiguos habitantes de la región llamaron "Yakana" (*la llama*) a una de las constelaciones en la parte sur de la Vía Láctea. De acuerdo con la leyenda, Yakana vive en el cielo y el 28 de octubre (cuando la constelación está cerca del horizonte) baja la cabeza y bebe el océano.

El jaguar es un símbolo de fuerza y poder.

El quetzal es el pájaro nacional de Guatemala.

Dos niños andinos con llamas bebé.

MITOLOGÍA | LA LLORONA

El mito de la **Llorona** existe en muchos países hispanoamericanos. Algunos detalles son diferentes de acuerdo con la región, pero la historia es muy similar. La Llorona es, en teoría, el fantasma de una mujer llamada María. Después de una tragedia, María pierde a sus hijos. Desde entonces, va vestida de blanco y llorando de noche.

Una versión ilustrada del fantasma de la Llorona.

2 Indica si las siguientes afirmaciones son verdaderas (V) o falsas (F).

a El quetzal se usa como medio de transporte. V F

b La leyenda dice que el jaguar se quemó con el sol. V F

c Los pueblos andinos prehispánicos veían una llama en el cielo. V F

d El jaguar forma parte de la vida cotidiana de los habitantes de los Andes. V F

e La Llorona existe solamente en México. V F

Actividades interactivas

Spanish Blogger - Misión 15

cuarenta y cinco

Unidad 4
HABÍA UNA VEZ...

Sesión de cine
- *El misterio del* pendrive

Comunicación
- Pedir disculpas y justificarse
- Aceptar disculpas

Vocabulario
- Los tipos de textos: cuentos, fábulas, anécdotas, noticias...

Gramática
- Contraste pretérito indefinido, imperfecto y perfecto
- *Soler* + infinitivo

Literatura
- *Los amantes de Teruel*

Spanish Blogger — Misión 16

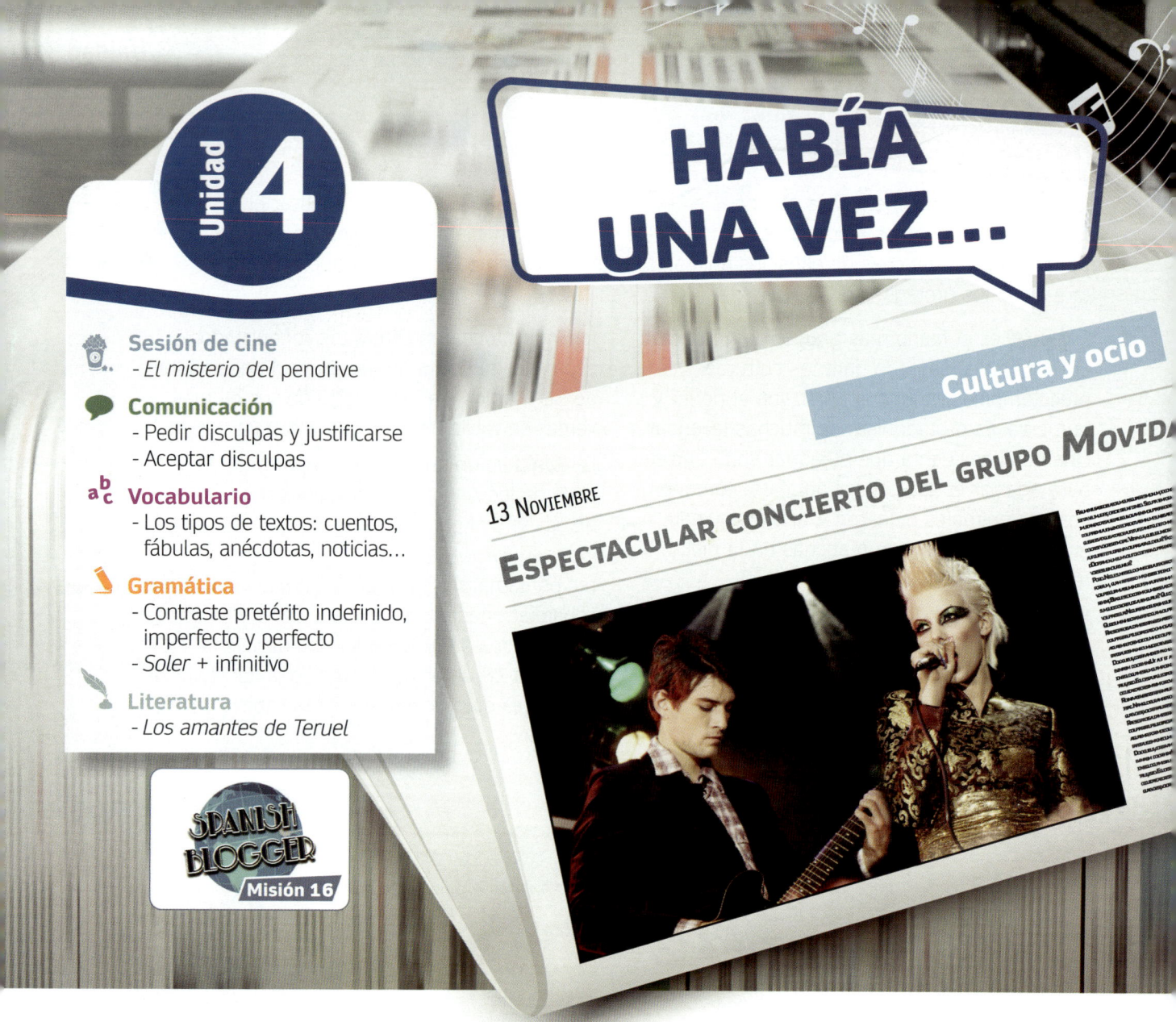

Cultura y ocio
13 NOVIEMBRE
ESPECTACULAR CONCIERTO DEL GRUPO MOVIDA

¿Qué ves?

1 Marcos fue al concierto de *Movida*, su grupo de música favorito. ¿Qué crees que le pasó? Habla con tu compañero/a.

a Marcos era amigo de la cantante.
b La cantante invitó a Marcos a subir al escenario con ella.
c Marcos forma parte del grupo y toca en todos los conciertos.
d Marcos llevaba su guitarra por si acaso le pedían tocar con el grupo.

2 Ordena las palabras para formar frases y saber qué pasó en el concierto.

a de Movida / Marcos / en las Ventas. / fue al concierto ➜ ....

b lanzó su guitarra / La cantante / cogió. / al público / y Marcos la ➜ ....

c cogió la guitarra. / al escenario / porque / Marcos subió ➜ ....

d su canción / Marcos / favorita. / cantó con ellos ➜ ....

e la guitarra firmada. / El grupo / a Marcos / le regaló ➜ ....

46 cuarenta y seis

Sesión de cine VÍDEO

Unidad 4

EL MISTERIO DEL PENDRIVE

SINOPSIS

Paula y Santi hablan sobre un *pendrive* que ha creado una confusión tan grande, que incluso han llegado dos policías a la casa de Santi. ¿Está Santi en apuros?

1 Haz a tu compañero/a las siguientes preguntas.

a ¿Cómo te gusta estudiar y hacer los trabajos de clase: en grupo o solo?
b ¿Dónde prefieres estudiar: en casa o en la biblioteca?
c ¿Cómo crees que aprendes más: haciendo un examen o presentando un trabajo?

2 Mira las imágenes y responde a las preguntas.

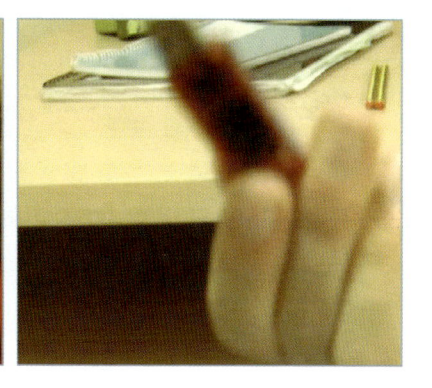

a ¿Qué crees que está haciendo Santi? ¿Por qué?
b ¿Quién crees que es ella? ¿Son familia, amigos o compañeros de clase? ¿Crees que van a trabajar juntos?
c ¿Por qué crees que tiene un *pendrive* en la mano? ¿Crees que es suyo?

3 Observa el vídeo y haz las actividades que te va a repartir tu profesor/a.

Secuencia de vídeo Actividades interactivas

cuarenta y siete **47**

Hablar por hablar
COMUNICACIÓN

PEDIR DISCULPAS Y JUSTIFICARSE

■ Para **pedir disculpas** se usa:

- Perdón.
- Perdona (tú)/Perdone (usted).
- Perdóname (tú)/Perdóneme (usted).
- Lo siento (mucho/muchísimo/de verdad).
- ¡Cuánto lo siento!
- Siento (mucho)…

■ Para **justificarse** al pedir disculpas usamos:

- Es que…
- No lo voy a volver a hacer más.
- No va a volver a pasar.
- Ha sido sin querer.
- Yo no lo sabía.

– **Perdón** por llegar tarde, **es que** el metro no funcionaba bien.
– **Perdóneme**, **ha sido sin querer**.
– **Siento mucho** haber cogido tu móvil sin permiso. **No lo voy a volver a hacer más**.

1 Relaciona las imágenes. Después, escribe qué crees que dicen los personajes para justificarse.

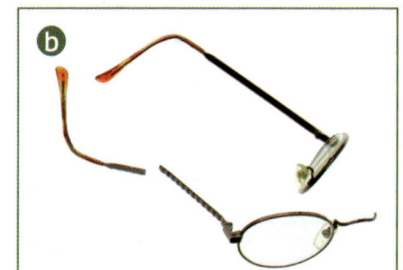

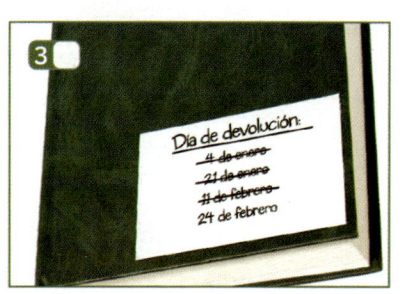

a ....
b ....
c ....

2 Escucha los siguientes diálogos e imagina qué ha pasado.

Diálogo 1 ....
Diálogo 2 ....

3 Habla con tu compañero/a.

a ¿Cuándo fue la última vez que **pediste perdón**? ¿A quién se lo pediste? ¿Pusiste alguna excusa para justicarte? ¿Te perdonó?

b ¿Cuándo fue la última vez que **te pidieron perdón a ti**? ¿Quién fue? ¿Te puso alguna excusa? ¿Le perdonaste?

48 cuarenta y ocho

Unidad 4

ACEPTAR DISCULPAS

- Para **aceptar disculpas** de alguien se usa:
  - No te preocupes.
  - Tranquilo, no pasa nada.
  - No tiene importancia.
  - Te perdono.

- Algunas veces se añade una condición, que se introduce con **pero**:
  - Te perdono, **pero** no lo vuelvas a hacer más.

4 Escucha estos diálogos y relaciónalos con las imágenes.

Diálogo:  ....   Diálogo:  ....   Diálogo: ....

5 Vuelve a escuchar y completa.

Diálogo A

Gabriel: ¡Eh! ¡Mira por dónde vas! ¡Me has dado con la mochila en la cabeza!
Álex: 1 ...., tengo prisa y no te he visto.
Gabriel: Bueno, 2 ...., pero ten cuidado.

Diálogo B

Olga: ¡Llevo más de media hora esperando!
Álvaro: 3 .... el autobús ha tardado mucho en venir.
Olga: ¡Siempre me pones la misma excusa!
Álvaro: ¡Pero es verdad! Mira, ha tardado tanto que, mientras esperaba el autobús, te he comprado las flores que tanto te gustan.
Olga: Bueno, 4 ...., pero porque me has traído flores, que si no...

Diálogo C

Óscar: 5 .... llamarte a estas horas, pero necesito para mañana el libro de Lengua, ¿me lo puedes llevar mañana a clase?
Carlos: Sí, claro, 6 ...., mañana te lo llevo, 7 ...., intenta acordarte de las cosas antes, ¡son las doce de la noche!
Óscar: Ya, lo siento, 8 ....

6 Habla con tu compañero/a. Sigue las instrucciones de tu recuadro.

Alumno A

Situación 1. Empiezas tú.
- Invita a tu compañero/a, que es tu mejor amigo/a, a una fiesta. Acepta sus disculpas por no asistir a tu fiesta.

Situación 2. Empieza tu compañero/a.
- Tu compañero/a te ha dejado su pantalón favorito y dice que se lo has devuelto roto. Pídele perdón y justifícate.

Alumno B

Situación 1. Empieza tu compañero/a.
- Tu mejor amigo/a te ha invitado a una fiesta, pero otro amigo te ha invitado a otra fiesta más guay. Discúlpate y ponte una excusa para no ir.

Situación 2. Empiezas tú.
- Le has dejado tu pantalón favorito a tu compañero/a y te lo ha devuelto roto. Díselo. Luego, acepta sus disculpas.

Actividades interactivas

Palabra por palabra VOCABULARIO

Los tipos de textos

1 Lee estos fragmentos y relaciónalos con su tipo de texto correspondiente.

a Había una vez una niña que vivía con su madre en una casita en el bosque. Un día su madre le dijo:
— Hija mía, tienes que ir a casa de tu abuelita para llevarle…
(*Caperucita roja*, Anónimo)

b Anoche cuando dormía soñé, ¡bendita ilusión!, que una fontana fluía dentro de mi corazón.
(*Anoche cuando dormía*, Antonio Machado)

c Dicen que en un país muy lejano había un dragón que se comía a las jóvenes del lugar. Las chicas se elegían por sorteo y un día le tocó a la hija del rey. Pero un apuesto caballero llegó en su caballo blanco…

d ROBO EN UN CHALÉ DE MARBELLA
La policía está investigando el misterioso robo, ocurrido ayer por la noche en un lujoso chalé de Marbella.

e Había una vez una cigarra y una hormiga que vivían en el mismo prado. En verano, mientras la hormiga trabajaba, la cigarra cantaba…
(*La cigarra y la hormiga*, Esopo)

f El otro día estaba en el metro y estaba tan cansada que corrí para sentarme en un asiento, pero había otro hombre que también se iba a sentar y al final, sin querer, me senté encima de él. ¡Qué vergüenza!

g «Todavía recuerdo aquel amanecer en que mi padre me llevó por primera vez a visitar el Cementerio de los Libros Olvidados…».
(*La sombra del viento*, Carlos Ruiz Zafón)

1 ◯ novela   3 ◯ cuento   5 ◯ poema   7 ◯ leyenda
2 ◯ noticia   4 ◯ fábula   6 ◯ anécdota

2 Completa las frases con los tipos de textos.

a La .... es una historia inventada. Los protagonistas siempre son animales y el final de la historia suele tener una lección moral a la que se le llama moraleja.

b La .... es una historia normalmente divertida o curiosa que nos ha pasado en nuestra vida, aunque después de contarla muchas veces es habitual introducir elementos nuevos inventados.

c La .... es una historia inventada, aunque siempre se dice que tiene algo de realidad. Es muy antigua y no se sabe quién es el autor porque ha llegado a nuestros días de forma oral.

d La .... es un relato que puede ser sobre un hecho real o inventado. No es para niños.

e El .... suele estar escrito en verso y rimar.

f Las .... las encontramos en los periódicos.

g El .... es un relato para niños.

Unidad 4

3 Escucha y di de qué género se trata.

1 .... 2 .... 3 ....

4 Lee esta fábula y contesta a las preguntas.

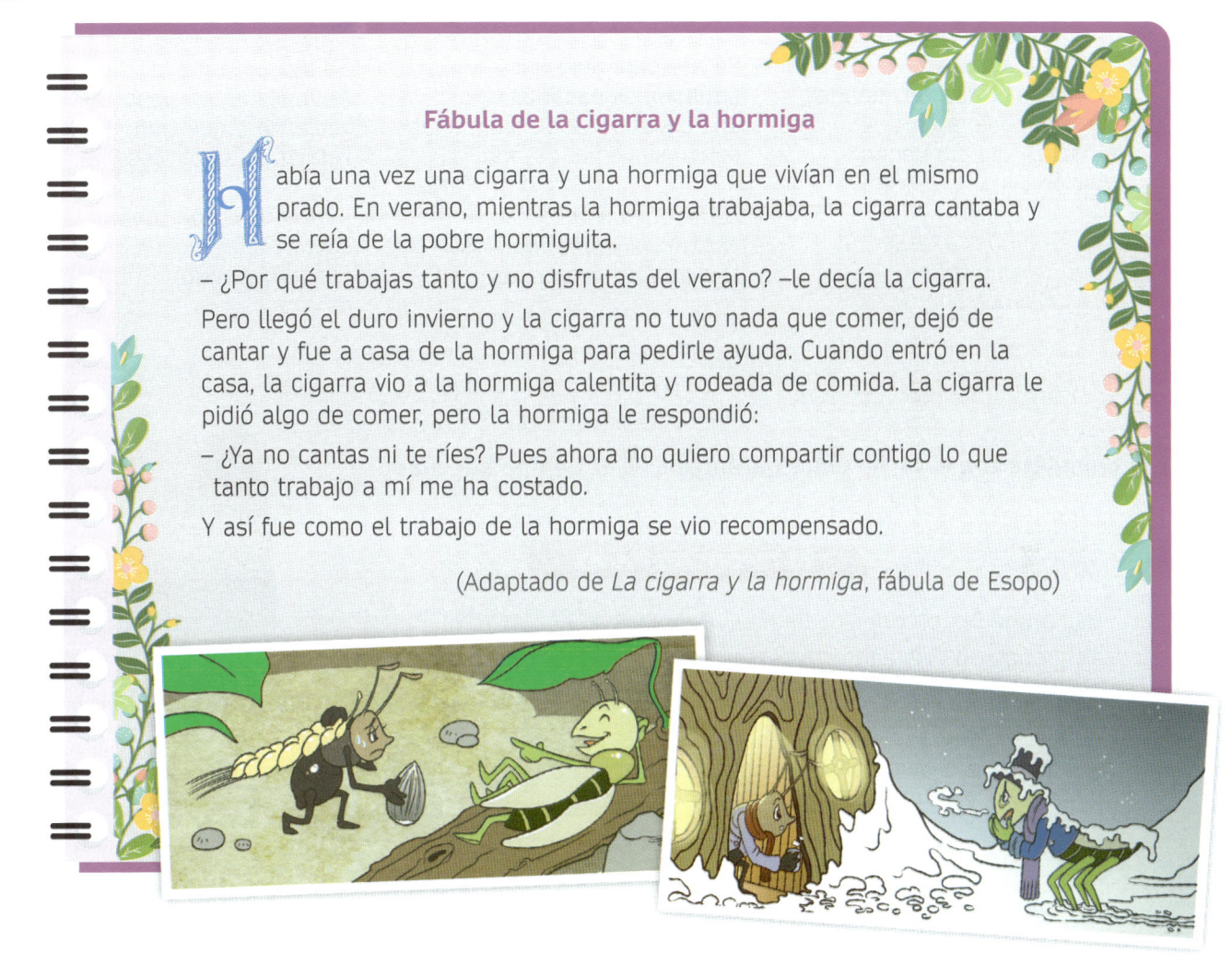

Fábula de la cigarra y la hormiga

Había una vez una cigarra y una hormiga que vivían en el mismo prado. En verano, mientras la hormiga trabajaba, la cigarra cantaba y se reía de la pobre hormiguita.

– ¿Por qué trabajas tanto y no disfrutas del verano? –le decía la cigarra.

Pero llegó el duro invierno y la cigarra no tuvo nada que comer, dejó de cantar y fue a casa de la hormiga para pedirle ayuda. Cuando entró en la casa, la cigarra vio a la hormiga calentita y rodeada de comida. La cigarra le pidió algo de comer, pero la hormiga le respondió:

– ¿Ya no cantas ni te ríes? Pues ahora no quiero compartir contigo lo que tanto trabajo a mí me ha costado.

Y así fue como el trabajo de la hormiga se vio recompensado.

(Adaptado de *La cigarra y la hormiga*, fábula de Esopo)

a ¿Para qué trabaja tanto la hormiga durante el verano? ....
b ¿Por qué la hormiga no ayuda a la cigarra? ....
c ¿Por qué la cigarra tiene hambre y frío en invierno? ....

5 Convierte la fábula anterior en una noticia. Para escribir una noticia tienes que seguir la siguiente estructura:

> **TITULAR.** Tiene que ser corto y destaca lo más importante de la noticia.
> **ENTRADA.** Resume la noticia y responde a: ¿Qué? ¿Quién? ¿Cómo? ¿Dónde? ¿Cuándo? ¿Por qué?
> **CUERPO.** Texto que narra los acontecimientos más importantes de la noticia en orden de mayor a menor importancia.

Actividades interactivas

Paso a paso GRAMÁTICA

CONTRASTE PRETÉRITO INDEFINIDO, IMPERFECTO Y PERFECTO

■ Para **narrar** en pasado se usan estos tiempos verbales:

Pretérito indefinido	Pretérito imperfecto	Pretérito perfecto
• Se usa para hablar de acciones pasadas, **terminadas** en el momento en el que se habla y que **no tienen relación** con el presente: – Ayer **fui** en bici a clase. – El año pasado **fui** de vacaciones a Menorca.	• Se usa para describir **situaciones pasadas**, con una cierta duración o acciones habituales en el pasado: – Aquel día **llovía** mucho. – Antes yo siempre **iba** a Mallorca de vacaciones.	• Se usa para hablar de acciones en un **pasado reciente** o que **tienen relación** con el presente: – Últimamente **he tenido** que estudiar mucho. – Este año **he ido** a Ibiza.

Videogramas ▶

1 Completa con el verbo entre paréntesis en el tiempo adecuado.

El ratoncito Pérez

Había una vez un príncipe llamado Buby que **a** .... (vivir) en un palacio. Sus padres **b** .... (ser) muy ricos y casi todos los días le **c** .... (regalar) algo. Un día, se le **d** .... (caer) su primer diente y su madre le **e** .... (decir):
—Si pones el diente bajo la almohada, el ratoncito Pérez te lo cambiará por un regalo.
Buby así lo **f** .... (hacer) y, mientras esperaba la llegada del ratoncito, **g** .... (dormirse). De pronto, algo lo **h** .... (despertar) y **i** .... (ver) sobre la almohada a un pequeño ratón, que **j** .... (llevar) un sombrero y una maleta verde.
—¿**k** .... (venir) para darme un regalo? Es que se me **l** .... (caer) un diente —**m** .... (decir) Buby.
—Tu regalo va a ser venir conmigo —**n** .... (responder) el ratón.
Entonces el ratón **ñ** .... (pasar) su cola por la nariz del niño y al instante:
—¡Oh! **o** .... (convertirse) en un ratón como tú! —**p** .... (exclamar) Buby.
De esta forma los dos **q** .... (salir) del palacio para llevar un regalo a un niño que **r** .... (vivir) en una casa muy vieja y que **s** .... (ser) muy pobre…

(Basado en el cuento *Ratón Pérez* de Luis Coloma)

2 Marca qué expresa cada frase. Después, busca en el texto un ejemplo más para cada caso.

	Acción sin relación con el presente	Descripción de la situación	Acción en un pasado reciente	Acción habitual
a Vivía con sus padres.	☐	☐	☐	☐
b Me he convertido en un ratón.	☐	☐	☐	☐
c Se le cayó su primer diente.	☐	☐	☐	☐
d Casi todos los días le regalaban algo.	☐	☐	☐	☐

Unidad 4

SOLER + INFINITIVO

- Para hablar de acciones que **se hacen** habitualmente, se usa el verbo **soler** en **presente** + infinitivo:
  – Yo **suelo ir** en autobús al instituto, pero a veces, cuando hace calor, voy en bici.

- Para hablar de acciones que **se hacían** habitualmente, se usa el verbo **soler** en **pretérito imperfecto** + infinitivo:
  – Antes **solía comer** en el instituto, pero ahora como en casa de mis abuelos.

Videogramas ▶

3 Completa las frases con el verbo *soler* en imperfecto o en presente.

a Antes .... levantarme a las siete de la mañana, pero desde que vivo cerca del instituto .... levantarme a las ocho.

b ¿Qué .... (tú) hacer ahora los domingos por la tarde?

c Cuando voy al cine .... ver las películas en versión original.

d Mamá, ¿este no es el restaurante donde .... (nosotros) celebrar mi cumple de pequeño?

4 Imagina cómo era la vida de estas personas antes, qué les pasó y cómo son ahora. Escribe su historia usando el contraste de pasados, el verbo *soler* y las siguientes expresiones.

conocer a alguien ▪ hacerse médico ▪ tener un accidente ▪ reencontrarse

| Antes |  5 de julio de 2016 |  Este año |

Escribe aquí su historia

| Antes |  3 de marzo de 2005 |  Este año |

Escribe aquí su historia

5 Habla con tu compañero/a. Explícale qué cosas solías hacer antes que ya no haces.

Actividades interactivas

cincuenta y tres **53**

Érase una vez... LITERATURA

Los amantes de Teruel

Teruel

Es una ciudad española que se encuentra en el sur de la Comunidad de Aragón. Posee un valioso patrimonio artístico mudéjar, reconocido por la Unesco como Patrimonio de la Humanidad. Además, esta ciudad es el escenario de una de las más famosas leyendas españolas, la de los Amantes de Teruel.

1 Ordena las siguientes palabras para descubrir la definición de una palabra que has aprendido en esta unidad.

> pero que ▪ algo de realidad ▪ y anónima
> inventada ▪ una historia ▪ suele tener ▪ Es

➡ ....
....

➡ Palabra: ....

2 Las siguientes viñetas representan una de las leyendas españolas más famosas. Obsérvalas, imagina la historia y cuéntasela a tu compañero/a. ¿Coincidís?

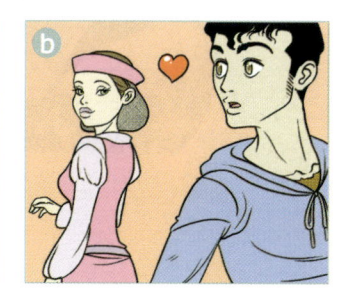

Unidad 4

3 Vas a leer y escuchar la leyenda real para comprobar si es igual a la vuestra. Antes tienes que ordenar los párrafos.

Los amantes de Teruel

☐ Un día Isabel conoció a Juan Diego Martínez de Marcilla, un joven muy valiente y guapo, pero que pertenecía a una familia humilde y con pocos recursos económicos. Pronto se hicieron amigos y de esa amistad nació el amor.

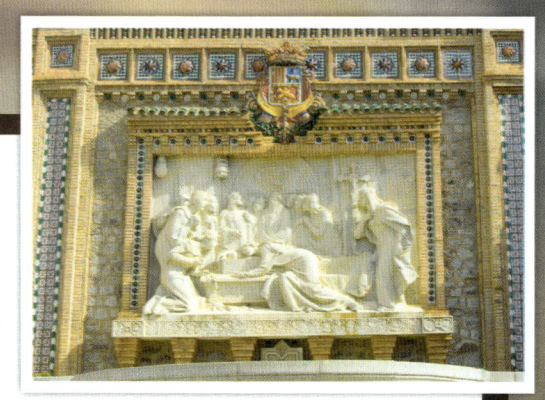

☐ Los jóvenes decidieron hablar con sus padres y confesarles su amor, pero como él era pobre, los padres de Isabel se negaron a aceptarlo. Finalmente, le dieron un plazo de cinco años para hacer fortuna luchando con las tropas cristianas contra la invasión musulmana. Si lo conseguía, podría casarse con Isabel.

☐ Las familias de los amantes, desconsoladas por la desgracia, entendieron entonces la fuerza de aquel amor y decidieron enterrarlos juntos. Así es como los amantes permanecen, desde entonces, eternamente unidos.

☐ Al día siguiente, las campanas de la iglesia anunciaron el triste funeral. Entre la gente que lloraba a Juan, apareció una mujer de luto que se acercó a él: era Isabel, que quiso "darle en muerte el beso que le negó en vida". Durante aquel largo beso, Isabel murió también abrazada a su amado.

☐ Así, Juan se marchó a la guerra en busca de fortuna. Pasados cinco años, el joven regresó a Teruel rico y famoso pero vio que Isabel estaba casándose con otro hombre.

☐ Desconsolado, decidió despedirse para siempre de su amada. Entró en su casa y le pidió el primer y último beso, pero Isabel, aunque le quería, se lo negó porque ya era una mujer casada. Juan no pudo soportar el dolor y cayó muerto al suelo.

[1] Había una vez, a principios del siglo XIII, una bella joven que vivía en una ciudad española llamada Teruel. La joven se llamaba Isabel de Segura y era la hija única de una de las familias más ricas de la ciudad.

(Fuente de: *http://www.teruelversionoriginal.es/Turismo/home.nsf/documento/los_amantes_de_teruel*)

4 ¿Recuerdas qué es una moraleja? ¿Cuál crees que se deduce de esta leyenda? Háblalo con tu compañero/a.

a El amor es más fuerte que la muerte y, si es verdadero, nada ni nadie lo puede vencer.
b Muchas veces los padres, pensando que están haciendo lo mejor para sus hijos, se equivocan y lo que consiguen es hacerlos más desgraciados.
c No se pueden cerrar los ojos a los sentimientos de otras personas ni intentar que estas sientan lo que nosotros queremos.

5 De esta leyenda, en la que los dos amantes murieron por amor, surgió una frase popular: **"Los amantes de Teruel, tonta ella, tonto él"**.

Creo que...
a se le dice a la gente que, por amor, se comporta de forma incomprensible para los demás.
b quiere decir que los amantes fueron tontos porque no supieron convencer a los padres de Isabel para que los dejaran casarse.
c quiere decir que el amor nos hace ser un poco "tontos" y que por él nos dejamos llevar más por los sentimientos o instintos que por la razón.

6 ¿Conoces alguna leyenda similar? ¿Tiene moraleja? Cuéntasela a tu compañero/a.

Actividades interactivas   Spanish Blogger - Misión 16

Unidad 5
CONSTRUYENDO EL FUTURO

- **Sesión de cine**
  - *Visión de futuro*
- **Comunicación**
  - Hacer conjeturas
  - Hacer promesas
- **Vocabulario**
  - El medioambiente
  - La política
- **Gramática**
  - Futuro imperfecto
  - *Si* + presente + futuro
- **Cultura**
  - Parques nacionales de España

Spanish Blogger - Misión 17

Víctor

Marta

¿Qué ves?

1 Observa las imágenes de Víctor y Marta e indica a quién se refiere cada frase.

	Víctor	Marta	Los dos	Ninguno
a Va a hacer deporte.	☐	☐	☐	☐
b Va a pintar.	☐	☐	☐	☐
c Va a tocar un instrumento.	☐	☐	☐	☐
d Lleva una camiseta.	☐	☐	☐	☐
e No va a jugar al tenis.	☐	☐	☐	☐
f Va a practicar con su banda.	☐	☐	☐	☐
g Va a ganar el partido.	☐	☐	☐	☐

2 Relaciona las dos columnas para saber qué actividades van a hacer Marta y Víctor.

1 Va a ponerse • • a el día.
2 Va a practicar su • • b protección solar.
3 Va a ir a clase • • c deporte favorito.
4 Va a tocar • • d de música.
5 Van a disfrutar • • e la guitarra.

56 cincuenta y seis

Sesión de cine — VÍDEO

Unidad 5

Visión de futuro

SINOPSIS

Una estudiante quiere saber cómo será su futuro y acude a una persona que la puede ayudar y explicar qué le va a suceder muy pronto, qué cambios habrá en su vida… ¿Qué crees que le dirá?

1 Responde a las siguientes preguntas.

a ¿De qué crees que es ese rótulo?

b ¿Qué ves entre las manos de la imagen?
c ¿Para qué se usan?
d ¿Quién crees que las está usando?

e ¿Quién es esa señora?
f ¿Qué crees que hará?
g ¿Quién crees que irá a verla?

h ¿Para qué crees que va la chica a la adivina?
i ¿Qué crees que le preguntará?

2 Observa el vídeo y haz las actividades que te va a repartir tu profesor/a.

Secuencia de vídeo ▶   Actividades interactivas ⚙

cincuenta y siete **57**

Hablar por hablar — COMUNICACIÓN

HACER CONJETURAS

- Para **hacer suposiciones** o **conjeturas** se usa:
  - *Creo que* mañana lloverá.
  - *Me imagino que* no podremos ir al campo.
  - *Supongo que* nos quedaremos en casa.

1 Junto a tu compañero/a, relaciona las fotografías según lo que van a hacer en el futuro.

2 ¿Qué personas del ejercicio 1 van a hacer estas actividades? ¿Coinciden con tus suposiciones?

- Irá al mecánico: ☐
- Irá de expedición a la selva: ☐
- Subirá al Everest: ☐
- Irá a la universidad: ☐
- Cocinará pescado a la plancha: ☐

3 En parejas, hablad sobre lo que creéis que vais o no vais a hacer en vuestro futuro.

Supongo que viajaré a España.

Yo también.

- Hablaré español perfectamente.
- Hablaré muchos idiomas.
- Viviré en muchos países.
- Escribiré un libro.
- Seré un deportista profesional.
- Tocaré un instrumento.
- Haré *puenting*.
- Seré famoso.

Unidad 5

HACER PROMESAS

- Para hacer **promesas** usamos:

  Te prometo que...　　Te lo prometo/juro.　　Te doy mi palabra.
  Te juro que...　　　　¡Prometido!　　　　　　Lo haré sin falta.

  – **Te prometo que** no volveré a llegar tarde.　　– **Te juro que** no te volveré a mentir.

4 Escucha y completa los diálogos. Después, relaciónalos con sus imágenes.

Diálogo A
▶ ¡El próximo fin de semana estás castigado! Ayer llegaste tardísimo!
▷ .... que no volverá a pasar, de verdad.
▶ Siempre dices lo mismo y nunca haces caso. ¡No hay más que hablar!
▷ ¡Pero, mamá...!

Diálogo B
▶ ¡Llevo media hora esperándote y la película ya ha empezado! La próxima vez entro yo solo al cine y no te espero.
▷ Anda, no te enfades. He llamado para avisarte... .... que no volverá a pasar.
▶ ¡Pero si desde que te conozco siempre llegas tarde!

Diálogo C
▶ Tu fiesta ha estado genial. Nos hemos divertido muchísimo.
▷ Me alegro. A ver si celebramos otra para tu cumpleaños.
▶ ....

1 ☐　　2 ☐　　3 ☐

5 Fíjate en estas promesas y piensa con tu compañero/a qué ha podido pasar.

  a Te prometo que no me meteré en tu correo electrónico.
  b Te juro que tendré mucho cuidado con él.
  c De verdad que lo haré sin falta. ¡Prometido!

6 Elige una de las promesas anteriores y escribe con tu compañero/a un diálogo como los del ejercicio 4.

Actividades interactivas

Palabra por palabra VOCABULARIO

El medioambiente

1 Fíjate en las imágenes y separa los fenómenos en positivos o negativos. Añade a la lista otras palabras que conozcas relacionadas con el medioambiente.

a. consumo responsable
b. reciclaje
c. contaminación
d. energía renovable
e. sequía
f. transporte ecológico
g. calentamiento global
h. deshielo
i. deforestación

Positivos	Negativos

2 ¿Y tú? ¿De qué color ves el futuro en relación con el medioambiente? Discute con tu compañero/a sobre los fenómenos anteriores: uno de los dos será el pesimista y el otro el optimista.

- Para hablar de acciones o acontecimientos futuros, se puede usar el futuro imperfecto (menos seguro de realizar) o la forma *ir a* + infinitivo (más seguro de realizar):
  – Esta tarde **visitaremos** / **vamos a visitar** la exposición.
- Para hacer predicciones se prefiere utilizar el futuro imperfecto:
  – Dentro de cien años se **extinguirán** algunos animales.

Pesimista:
– En el futuro habrá sequía y no habrá suficiente agua para todos.

Optimista:
– Pero si consumimos el agua de forma responsable, eso no pasará.

Unidad 5

La política

3 Lee el siguiente artículo aparecido en un periódico y fíjate en las palabras destacadas. ¿Conoces sus significados?

UNAS ELECCIONES MUY REÑIDAS

Mañana se celebrarán las **elecciones** a la **presidencia** del país. Las **encuestas** de estos días señalan que los dos principales **partidos** están muy igualados y que puede pasar cualquier cosa. Pablo Tomeu y Francisco Torres, los dos principales **candidatos** a **presidente**, se muestran optimistas ante estas elecciones, aunque habrá que esperar hasta contar todos los **votos** para conocer el resultado final.

Los dos partidos han prometido hacer grandes cambios en el país si consiguen ganar las elecciones. El candidato Pablo Tomeu ha dicho que si gana, hará una gran **reforma** en educación. También ha dicho que mejorará la salud pública y que abrirá varios hospitales nuevos.

El **programa** del partido de Francisco Torres apuesta por el medioambiente. Como ha dicho a lo largo de toda su **campaña**, este será un punto fundamental: si el partido de Torres sale elegido, se incentivará el uso del transporte público, se bajará el precio a los coches eléctricos, se trabajará en las energías renovables, etc.

Hasta mañana por la tarde no conoceremos quién será el futuro presidente del país y los cambios que viviremos en los próximos cuatro años.

4 Contesta verdadero (V) o falso (F).

a El partido de Tomeu es el favorito. V F
b Los dos principales candidatos piensan que pueden obtener buenos resultados. V F
c Se presentan más de dos partidos a estas elecciones. V F
d El partido que quiere mejorar la sanidad, también quiere mejorar el transporte. V F
e Las elecciones se celebran cada cinco años. V F

5 Se van a celebrar elecciones en tu ciudad y tú eres uno de los candidatos a alcalde. ¿Cuál será tu programa? Escribe tu discurso utilizando el vocabulario que has aprendido y hablando de los siguientes temas.

> medioambiente ▪ educación ▪ trabajo
> transporte ▪ salud

Estimados ciudadanos:
Prometo que construiré más zonas verdes, así los niños podrán jugar en los parques. Además, si me votáis, el transporte en la ciudad será más barato. Si mi partido gana, os prometo que no habrá tanta contaminación y...

Actividades interactivas

Paso a paso — GRAMÁTICA

FUTURO IMPERFECTO

■ El **futuro imperfecto** sirve para hablar del futuro y hacer suposiciones, predicciones y promesas. Se forma añadiendo al infinitivo del verbo las siguientes desinencias (iguales para las tres conjugaciones): *-é*, *-ás*, *-á*, *-emos*, *-éis*, *-án*.

Verbos regulares

	estudiar	comer	vivir
yo	estudiaré	comeré	viviré
tú	estudiarás	comerás	vivirás
él/ella/usted	estudiará	comerá	vivirá
nosotros/as	estudiaremos	comeremos	viviremos
vosotros/as	estudiaréis	comeréis	viviréis
ellos/ellas/ustedes	estudiarán	comerán	vivirán

■ Los **verbos irregulares** presentan alguna variación en la raíz, pero mantienen las mismas desinencias.

Verbos irregulares

tener → tend**r**-	venir → vend**r**-	caber → cab**r**-	hacer → **har**-
poder → pod**r**-	salir → sald**r**-	haber → hab**r**-	decir → **dir**-
poner → pond**r**-	valer → vald**r**-	saber → sab**r**-	querer → quer**r**-

■ El futuro puede ir también acompañado de las siguientes expresiones de tiempo:

- *El año/mes* ⎱ *que viene* iré a España.
- *La semana/primavera* ⎰
- *Dentro de dos años/un rato/unos días* vendrá a casa.
- *El/la próximo/a semana/mes/año* tendré 17 años.
- *Mañana* tendré un examen.
- *Pasado mañana* sabremos las notas.

Videogramas ▶

1 Completa el texto con los verbos entre paréntesis en futuro imperfecto.

La próxima semana Kevin **a** .... (ir) a Sevilla. **b** .... (Visitar) a sus primos y **c** .... (aprender) a hablar español. **d** .... (Bailar) flamenco, **e** .... (beber) gazpacho y **f** .... (pasear) por el parque de María Luisa. Dice que **g** .... (comprar) una guía para conocer la ciudad y **h** .... (anotar) los sitios que quiere visitar. Kevin y sus primos **i** .... (visitar) juntos la Giralda, **j** .... (comer) en el barrio de Triana y **k** .... (tomar) fotos cerca del río Guadalquivir. Seguro que **l** .... (ellos, vivir) una experiencia inolvidable. Mañana sus padres **m** .... (ir) a una agencia de viajes y le **n** .... (comprar) el billete de avión. ¡Lo **ñ** .... (pasar) genial!

2 Ordena las siguientes expresiones de tiempo de más a menos cercanas en el futuro.

> el mes que viene ■ dentro de dos años
> dentro de un rato ■ mañana ■ pasado mañana
> el año que viene ■ las próximas Navidades

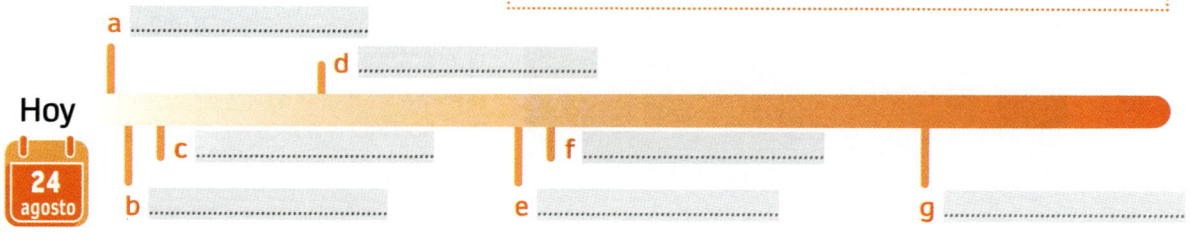

Hoy — 24 agosto

a .... b .... c .... d .... e .... f .... g ....

Unidad 5

SI + PRESENTE + FUTURO

■ Para hablar de acciones futuras que dependen de una **condición** usamos la siguiente estructura:

Si	+	presente	+	futuro
Si		*no llueve,*		*iremos a la playa*

Videogramas ▶

3 **Forma frases relacionando los elementos de las dos columnas.**

1 Si el metro no funciona, •   • **a** te llamaré.
2 Si me invita a su cumpleaños, •   • **b** iré a pie.
3 Si me pongo enferma, •   • **c** no podré ir a la excursión.
4 Si no nos vemos esta tarde, •   • **d** sabrás la respuesta.
5 Si piensas un poco, •   • **e** tendré que comprarle un regalo.

4 **Completa el texto con los verbos que faltan.**

castigan ▪ llegaré ▪ podré ▪ vuelvo ▪ veré ▪ vemos ▪ castigarán ▪ voy ▪ aburriré

Si **a** .... la película de las 20:00h, **b** .... muy tarde a casa. Si **c** .... a llegar tarde, seguro que mis padres me **d** .... Si me **e** ...., no **f** .... ir de vacaciones este verano al pueblo de mi familia. Si no **g** .... al pueblo, no **h** .... a mis amigos y me **i** .... mucho. Lo bueno es que tampoco tendré que ver a mi primo. ¡Es un pesado!

5 **Completa libremente las siguientes frases.**

a Si ...., daré la vuelta al mundo.
b Si tengo suerte, ...
c Si el sábado hace mal tiempo, ...
d Si ...., aprenderé japonés.
e Si me toca la lotería, ...

6 **Escribe condiciones para conseguir estas cosas.**

- Estar en forma.
- Ser feliz.
- Ser rico.
- Tener el mejor trabajo del mundo.

Actividades interactivas ⚙

sesenta y tres **63**

Mundo hispano Cultura
PARQUES NACIONALES DE ESPAÑA

Islas Cíes, Galicia.

1 Lee estos textos sobre algunos parques nacionales de España.

Timanfaya

El **Parque Nacional de Timanfaya** se encuentra en la parte centro occidental de la isla de Lanzarote. Los paisajes negros y rojos y la casi ausencia de vegetación se deben a las erupciones volcánicas que tuvieron lugar entre 1730 y 1736. La lava destruyó toda la flora y la fauna del lugar y los habitantes tuvieron que emigrar porque se convirtió en un lugar inhabitable. Hoy en día el parque es un gran centro de estudio geológico y de actividades sísmicas. Una curiosidad es que tiene un restaurante donde se cocina con el calor de la propia tierra.

(Adaptado de *www.lanzarote.com/es/timanfaya*)

Picos de Europa

El **Parque Nacional de los Picos de Europa** pertenece a Cantabria, Asturias y Castilla y León. En 2002 fue declarado Reserva de la Biosfera. Tiene más de 200 picos de más de 2000 metros de altitud. De hecho, el nombre Picos de Europa se lo pusieron los marineros porque cuando llegaban del Atlántico con los barcos era lo primero que veían. En el parque hay más de 2000 especies de animales y plantas. De algunas quedan pocos ejemplares, pero se están intentando recuperar, como es el caso de los osos o los buitres. También podemos visitar los lagos de Covadonga, unos de los pocos que hay en España.

(Adaptado de *www.verdenorte.com*)

Unidad 5

Islas Atlánticas

El **Parque Nacional de las Islas Atlánticas de Galicia** lo forman cuatro archipiélagos: el de Cíes, Ons, Sálvora y Cortegada. La isla más famosa es la de Monteagudo, que pertenece a las Cíes, porque su playa, llamada "playa de Rodas", ha sido considerada la más bonita del mundo. Es una isla completamente virgen, donde solo hay un restaurante, un *camping* y un faro convertido en observatorio de aves. Para llegar de forma particular hay que pedir permiso o ir en los barcos que salen, solo desde Semana Santa hasta septiembre, desde algunos puertos de Galicia.

(Adaptado de www.parquenaturalislasatlanticas.com)

Doñana

El **Parque Nacional de Doñana** está situado en Huelva y Sevilla, en el suroeste de España. Cuenta con diferentes ecosistemas, por eso tiene una biodiversidad única en Europa. Podemos observar miles de especies de animales y plantas, algunas desgraciadamente en peligro de extinción, como el águila imperial ibérica y el lince ibérico. En Doñana destacan las marismas, el lugar de paso y de cría de las aves africanas y europeas, y también las dunas móviles, que forman una frontera natural con la playa.

(Adaptado de www.redparquesnacionales.mma.es/parques/donana)

2 ¿En qué parque...

a puedo ver un volcán?
b puedo ver osos?
c hay una gran biodiversidad?
d puedo ver dunas?
e voy a ver lagos?
f puedo cocinar sin necesidad de hacer fuego?
g solo puedo llegar en barco durante unos meses al año?
h puedo bañarme en la playa más bonita del mundo?

NATURALEZA | LO MEJOR DE CADA PARQUE NACIONAL

PARQUES NACIONALES

Aquí están los cinco parques nacionales más importantes de España.

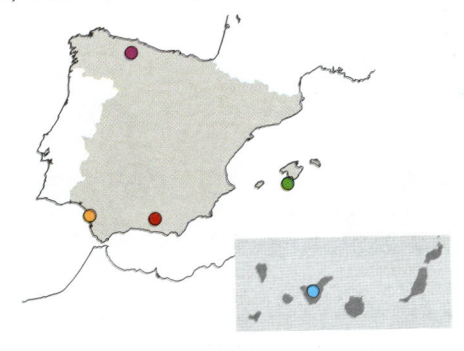

- Parque Nacional del Teide
- Parque Nacional de Doñana
- Parque Nacional de Sierra Nevada
- Parque Nacional Marítimo-Terrestre del Archipiélago de Cabrera
- Parque Nacional de los Picos de Europa

ATRACTIVOS

Estos son los elementos más atractivos de un parque nacional, según sus visitantes.

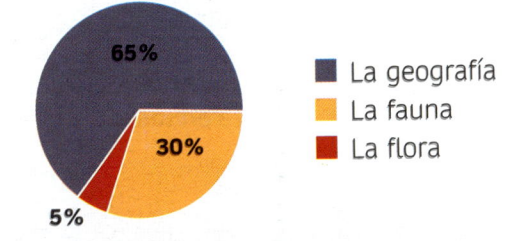

- 65% La geografía
- 30% La fauna
- 5% La flora

Parque Nacional de Sierra Nevada, Granada, Andalucía.

Actividades interactivas   Spanish Blogger - Misión 17

Unidad 6
COSAS DE CASA

Sesión de cine
- *¡Quiero ir al concierto!*

Comunicación
- Pedir permiso, concederlo y denegarlo
- Invitar u ofrecer
- Dar consejos, órdenes e instrucciones

Vocabulario
- Las tareas domésticas
- Los deportes

Gramática
- Imperativo afirmativo y negativo

Literatura
- *Mi abuela Eva*
- *Como agua para chocolate*, de Laura Esquivel

SPANISH BLOGGER Misión 18

¿Qué ves?

1 Observa la fotografía y habla con tu compañero/a.
- a ¿Qué miembros de la familia aparecen en esta foto?
- b ¿Crees que se llevan bien? ¿Qué están haciendo?
- c Y tú, ¿te llevas bien con tu familia? ¿Qué cosas hacéis juntos?

2 Vas a conocer a una familia muy particular: los Pérez-Garrido. Lee la información sobre esta familia y completa las fichas de la página siguiente. Fíjate en los dibujos.

Pilar Garrido, que es pintora, tuvo a Nerea con 30 años. Tiene tres años menos que su marido **Antonio Pérez.** A él le gusta la música clásica, pero a su hijo **Darío** le gusta el *heavy*. Darío tiene cuatro años menos que **Nerea** y cuatro más que su otra hermana. **Macarena** tiene 11 años y **Juan**, el abuelo, que está jubilado y le gusta cantar, tiene 77 años.

sesenta y seis

Sesión de cine — VÍDEO

Unidad 6

¡Quiero ir al concierto!

SINOPSIS

Marcos está triste porque quiere ir al concierto de U2, pero no tiene dinero suficiente para pagarse la entrada. Sus amigos le dicen cómo puede ganar algo de dinero y, así, poder ir al concierto de su grupo favorito.

1 ¿Sabes qué significa "hacer de canguro"? Observa las siguientes imágenes y averígualo. Trabaja con tu compañero/a.

2 Elige un rol y representa la situación con tu compañero/a.

Alumno A

Tu compañero/a va a hacer de canguro. Dale algunos consejos. Antes necesitas saber:
- ¿Edad del niño?
- ¿Relación que tiene con él?
- ¿Horas que tiene que estar?
- ¿Tareas y actividades?
- euros/hora

Alumno B

Vas a hacer de canguro. Pide consejos a tu compañero/a.
- 7 años.
- Hijo de los vecinos (lo conoces desde que nació).
- Desde las 17:00 hasta las 00:00h.
- Recogerlo del colegio; hacer las tareas; juegos (no sabes qué hacer); ducha (odia el jabón); cena (no le gusta nada); acostarse (es hiperactivo).
- 8 euros/hora.

3 Observa el vídeo y haz las actividades que te va a repartir tu profesor/a.

Secuencia de vídeo Actividades interactivas

Hablar por hablar — COMUNICACIÓN

PEDIR PERMISO, CONCEDERLO Y DENEGARLO

- Para **pedir permiso**:
  - ¿*Puedo/Podría* coger un poco de pastel?
  - ¿*Te/Le importa* si cojo un poco de pastel?

- Para **conceder permiso**:
  - *Sí, claro*, coge, coge.
  - *Por supuesto*.
  - *Sí, pero* déjale un poco a tu hermano.

- Para **denegar un permiso**:
  - *No, (lo siento) es que* lo he hecho para llevarlo a la fiesta de Ana.
  - *¡Ni hablar!*
  - *¡De ninguna manera!*

INVITAR U OFRECER

- Para **invitar** u **ofrecer**:
  - ¿*Quieres* un poco de pastel?
  - *Coge, coge*.
  - *Toma*.

- Para **responder**:
  - *Sí, gracias*.
  - *No, gracias, es que* no me gustan los dulces.

1 Completa los diálogos con las expresiones del recuadro.

- quieres
- no
- puedo
- coge un poco
- es que
- sí, claro

Diálogo 1

▶ Ya sé que estás leyendo, pero… ¿**a** .... poner la tele?
▷ **b** ...., ponla. A mí no me molesta el ruido mientras leo.
▶ Vale, gracias, es que ahora hay un programa que me encanta.

Diálogo 2

▶ ¿**c** .... probar la pizza que he hecho?
▷ **d** ...., gracias, **e** .... acabo de comer.
▶ Anda, **f** ...., solo para probarla. Ya verás qué rica me sale.
▷ Bueno, la probaré, pero ponme solo un poquito.

2 Escucha los siguientes diálogos y marca la opción correcta.

	Diálogo 1	Diálogo 2	Diálogo 3	Diálogo 4
a Conceder permiso.	☐	☐	☐	☐
b Denegar permiso.	☐	☐	☐	☐
c Aceptar una invitación.	☐	☐	☐	☐
d Denegar una invitación.	☐	☐	☐	☐

3 Habla con tu compañero/a siguiendo las instrucciones.

Alumno A

Situación 1. Empiezas tú.
- Pide permiso a tu compañero/a para hacer algo.

Situación 2. Empieza tu compañero/a.
- Acepta o rechaza su invitación.

Alumno B

Situación 1. Empieza tu compañero/a.
- Concede o deniega el permiso a tu compañero/a.

Situación 2. Empiezas tú.
- Invita a algo u ofrece algo a tu compañero/a.

PEDIR Y DAR INSTRUCCIONES

- Para **pedir instrucciones**:
  - *¿Puedes/Podrías decirme cómo* hago el pastel?
  - *¿Sabes cómo* ir al centro?
  - *Perdone/Perdona, ¿para* ir a la estación?

- Para **dar instrucciones**:
  - *Sí, mira, haz/coge/ve*...
  - *Sí,* primero **gira** a la derecha, **sigue** todo recto, después **cruza** la calle...
  - *Sí, tiene/tienes que* coger/hacer/ir...

PEDIR Y DAR CONSEJOS O RECOMENDACIONES

▸ Últimamente no me concentro a la hora de estudiar, **¿qué puedo hacer?**
▸ **Tendrías que/Deberías** ir a la biblioteca/hacer deporte/probar la jalea real.
▸ **¿Por qué no** vas a la biblioteca/haces deporte/pruebas la jalea real?
▸ **Ve** a la biblioteca/**Haz** deporte/**Prueba** la jalea real.

DAR ÓRDENES

- *Coge/Haz/Ven*...
- Pedro, **haz** los deberes antes de ver la tele.

4 Relaciona para formar diálogos.

a. *Perdona, ¿podrías decirme cómo llegar al Palacio de los Deportes?*

b. *No sé si voy a aprobar el examen de Historia. Entran siete temas y solo me sé uno. ¿Qué puedo hacer?*

c. *Óscar, haz los deberes, deja de usar internet y baja el volumen de la radio.*

1. Sí, claro. Sigue todo recto y después gira la primera calle a la izquierda...
2. Que sí, mamá, ¡qué pesada...!
3. ¿Y por qué no empiezas a estudiar ya? Estudia un tema cada día. Aún falta una semana...

5 Marca qué hacen en las frases del ejercicio 4.

a Pedir consejos. ⓐ ⓑ ⓒ ① ② ③
b Dar consejos. ⓐ ⓑ ⓒ ① ② ③
c Pedir instrucciones. ⓐ ⓑ ⓒ ① ② ③
d Dar instrucciones. ⓐ ⓑ ⓒ ① ② ③
e Dar órdenes. ⓐ ⓑ ⓒ ① ② ③
f Aceptar órdenes. ⓐ ⓑ ⓒ ① ② ③

6 Habla con tu compañero/a. Elige una de estas situaciones y cuéntasela. Él/Ella debe reaccionar.

a Últimamente duermes poco, solo dos o tres horas. Pide consejo a tu compañero/a.
b No sabes cómo mandar un mensaje desde tu móvil nuevo. Pregunta a tu compañero/a.
c Necesitas ir a la secretaría de tu instituto y no sabes dónde está. Tu compañero/a sí lo sabe.
d Quieres irte de viaje el fin de semana, pero el lunes tienes un examen y no sabes qué hacer. Pide consejo a tu compañero/a.

Actividades interactivas

Palabra por palabra VOCABULARIO

Las tareas domésticas

1 Escucha los diálogos y ordena las imágenes.

○ hacer la cama
○ tender la ropa
○ hacer la comida
○ fregar los platos
○ tirar la basura
○ poner la mesa
○ poner la lavadora
○ planchar
○ barrer

2 Completa las frases con los verbos correctos.

a Lo contrario de "poner la mesa" es .... la mesa.
b A veces cuando haces la cama también .... las sábanas.
c Si limpio el suelo sin agua, lo ...., y si lo limpio con agua, lo ....
d Después de poner la lavadora, ... la ropa.
e Lo hago con el polvo, los cristales y el baño, y es lo contrario de "ensuciar": ....
f Antes de comer tengo que .... la comida.
g Antes de ponerte la ropa, la ....

- fregar
- tender
- quitar
- limpiar
- hacer
- planchar
- barrer
- cambiar

3 Pilar Garrido ha decidido repartir las tareas de casa entre los miembros de la familia. Relaciona las instrucciones con sus imágenes.

1 Nerea, haz la comida a tus hermanos, pero no la quemes.
2 Papá, plancha la ropa, pero no la quemes.
3 Darío, cambia las sábanas y haz la cama.
4 Antonio, pon la lavadora, pero no mezcles la ropa blanca y de color.

a | b | c | d

4 Habla con tu compañero/a. ¿Qué tareas domésticas hacéis en casa? ¿Cuál os gusta menos? ¿Por qué?

Unidad 6

Los deportes

5 Clasifica las siguientes palabras en la columna correspondiente. ¡Atención!, algunas pueden ir en más de una columna. Si lo necesitas, usa el diccionario.

- ~~fútbol~~
- pelota
- raqueta
- lanzar
- balonmano
- golpear
- falta
- portero
- cancha
- jugador
- tenis
- portería
- chutar
- campo
- pase
- balón
- ~~pared~~
- marcar un gol
- flotar
- ventaja
- waterpolo
- *squash*
- set
- botar
- rebotar

fútbol				pared

6 Juega con tu compañero/a. Tenéis que adivinar a qué deporte se refiere cada texto.

1
- Consigue una raqueta de cuerdas y una pelota pequeña.
- Busca un adversario para jugar.
- Si el jugador contrario te ha lanzado la pelota, no permitas que esta bote dos veces o más en el suelo o él conseguirá el punto.
- Para ganar puntos, intenta que el adversario no pueda responder a tus golpes.
- Para poder jugar, encuentra un espacio cerrado rodeado de paredes.
- Golpea la pelota con la raqueta y haz que rebote en la pared frontal de la cancha.

Deporte: _____

2
- Forma dos equipos. En cada uno tiene que haber un portero.
- Durante el partido, intenta marcar el mayor número de goles al equipo contrario.
- Para marcar un gol, lanza la pelota hacia la portería contraria. Si la metes dentro, habrás marcado.
- Intenta robar el balón al jugador del equipo contrario, pero no lo agarres porque cometerás falta. No cometas faltas porque podrás ser expulsado.
- Para marcar gol, utiliza cualquier parte del cuerpo, pero si usas la mano, esta tiene que estar abierta.
- No pises el suelo de la piscina, está prohibido. Tienes que mantenerte flotando durante todo el partido.

Deporte: _____

7 Seguro que conoces bien otros deportes. Sigue el juego anterior. Escribe frases sobre sus reglas y léeselas a tu compañero/a.

Actividades interactivas

setenta y uno **71**

Paso a paso — GRAMÁTICA

IMPERATIVO AFIRMATIVO

- El **imperativo afirmativo** se usa para dar órdenes, invitar u ofrecer, dar consejos o recomendaciones y dar permiso.

Verbos regulares

	comprar	comer	subir
tú	compra	come	sube
vosotros/as	comprad	comed	subid
usted	compre	coma	suba
ustedes	compren	coman	suban

Algunos verbos irregulares

decir	hacer	poner	tener
di	haz	pon	ten
decid	haced	poned	tened
diga	haga	ponga	tenga
digan	hagan	pongan	tengan

- **Imperativo afirmativo + pronombres:**
  Los pronombres objeto directo, indirecto y reflexivo se colocan detrás del imperativo, formando una sola palabra:
  – Pon el queso en la nevera. ➡ **Ponlo** en la nevera.
  – Dime el secreto. ➡ **Dímelo**.

Ver **Apéndice gramatical** p. 86   Videogramas

---

1 Completa las frases conjugando en imperativo afirmativo los verbos entre paréntesis.

a Por favor, ... (entrar, usted).
b Chicos, ... (guardar, vosotros) los libros.
c .... (Mirar, ustedes) por la ventana.
d .... (Escribir, vosotros) en el cuaderno.
e Pedro, ... (leer, tú) este libro.
f .... (Escuchar, usted) atentamente.

2 Los señores Pérez-Garrido se van de viaje. Lee la nota que ha dejado la madre al abuelo y a los hijos y escribe en imperativo afirmativo los verbos entre paréntesis.

Nerea, a .... (poner) el despertador para no quedarte dormida por la mañana y
b .... (tener) cuidado de no dejarte el fuego de la cocina encendido.
Darío, puedes jugar un poco a la videoconsola si quieres, pero antes c .... (hacer) los deberes.
Y Macarena, tú d .... (sacar) al perro a pasear después del colegio.
Papá, e .... (tener) cuidado si sales a la calle y f .... (coger) las llaves, que siempre te las olvidas.
Y, por favor, g .... (dejar) la casa ordenada.

3 Transforma las siguientes frases en órdenes y sustituye las palabras por pronombres cuando sea posible.

a Colocar la película en la estantería. (vosotros) ➡ *Colocadla en la estantería.*
b Comprar la comida al perro. (tú) ➡ ....
c Dejar las cosas en su sitio. (ustedes) ➡ ....
d Meter el pescado en la nevera. (usted) ➡ ....
e Poner el despertador a tu hermano. (tú) ➡ ....

Unidad 6

IMPERATIVO NEGATIVO

- El **imperativo negativo** se usa para dar órdenes, consejos, recomendaciones y prohibiciones.

Verbos regulares

	comprar	comer	subir
tú	no compr**es**	no com**as**	no sub**as**
vosotros/as	no compr**éis**	no com**áis**	no sub**áis**
usted	no compr**e**	no com**a**	no sub**a**
ustedes	no compr**en**	no com**an**	no sub**an**

Algunos verbos irregulares

decir	hacer
no **digas**	no **hagas**
no **digáis**	no **hagáis**
no **diga**	no **haga**
no **digan**	no **hagan**

poner	tener
no **pongas**	no **tengas**
no **pongáis**	no **tengáis**
no **ponga**	no **tenga**
no **pongan**	no **tengan**

- Forma:
  - **usted/ustedes**: se forma igual que el imperativo afirmativo.

    (usted) compr**e** → no compr**e**
    (ustedes) compr**en** → no compr**en**

  - **tú**: se añade **-s** al imperativo negativo de **usted**.

    (usted) no compr**e** → (tú) no compr**es**

  - **vosotros**: se añade **-is** al imperativo negativo de **usted**.

    (usted) no compr**e** → (vosotros) no compr**éis**.

Ver **Apéndice gramatical** p. 87

Videogramas

- **Imperativo negativo + pronombres:**
  Los pronombres objeto directo, indirecto y reflexivo se colocan delante del imperativo, separados.

  – No **lo** pongas, no **me lo** digas, no **las** cojas, no **te lo** pienses, no **te** olvides...

4 El señor Pérez también ha escrito otra nota. Completa los espacios con los verbos del recuadro usando el imperativo negativo.

> pelearse ▪ comer ▪ ponerse ▪ poner ▪ olvidar ▪ quedarse ▪ llegar

Darío, no **a** .... solo pizzas, tienes que comer lo que cocine tu hermana.
Macarena, tú eres la encargada de Hueso. No **b** .... ponerle la comida y el agua todos los días, y ¡no **c** .... los zapatos de tu hermana!
Nerea, no **d** .... tarde, ni **e** .... dormida viendo la tele en el sofá.
Abuelo, no **f** .... la radio muy alta, que después se quejan los vecinos.
Y a todos, por favor, no **g** ....

5 Transforma en imperativo negativo las frases de la actividad 3 usando los pronombres cuando sea posible.

a Colocar la película en la estantería. (vosotros) → _No la coloquéis en la estantería._
b Comprar la comida al perro. (tú) → ....
c Dejar las cosas en su sitio. (ustedes) → ....
d Meter el pescado en la nevera. (usted) → ....
e Poner el despertador a tu hermano. (tú) → ....

Actividades interactivas

Érase una vez... LITERATURA

Laura Esquivel

1 Lee la siguiente frase y contesta a las preguntas con tu compañero/a.

> "En la vida hay que poner el corazón en lo que haces. Si no, no sirve para nada".

a ¿A qué crees que se refiere con "poner el corazón"?
b ¿Estás de acuerdo con la frase?
c Señala las cosas en las que pones el corazón: aficiones, deportes, estudios...

2 Lee el texto.

Mi abuela Eva

No sé si creer en las casualidades. Pero resulta que hoy, en el autobús, mientras iba a la escuela, alguien se había dejado olvidado un libro. Ya su portada me atraía a leerlo y a devorarlo. Fíjate si estaba entusiasmada con la historia, que me pasé la parada de la escuela. El libro se llamaba *Como agua para chocolate* y cuenta la vida de Tita y su historia de amor con
5 Pedro. La madre de Tita tuvo a su hija en la cocina, entre los olores de lo que estaba cocinando. Por eso, ya desde el principio, Tita sentía un gran amor por la cocina. Cuando cocinaba, su estado de ánimo influía en los platos que preparaba. Así, si hacía un plato estando alegre, cuando la gente lo comía, también se ponía contenta.

Ahora estoy en mi habitación y sigo leyéndolo sin parar. Quizás también me gusta esta historia
10 porque me recuerda a mi abuela. Ella pasaba mucho tiempo en la cocina y le encantaba cocinar. Además, al igual que Tita, creía que era muy importante cómo te sentías cuando cocinabas. Siempre que podíamos, mi hermano y yo, a la vuelta de la escuela, pasábamos toda la tarde con ella. Cuando nos veía asomar la cabeza por la puerta siempre nos decía:

—Entren, entren. Miren qué estoy preparando.

15 Nosotros entrábamos hipnotizados. Dejábamos las mochilas en el suelo y nos poníamos manos a la obra.

—Manuela, ayúdame a cortar esta cebolla, y Tomás, lava las papas para cocerlas.

A mi hermano y a mí nos encantaba ser sus ayudantes en la cocina e imaginar que estábamos en uno de los mejores restaurantes de París.

20 —No, mira, si quieres que esté dulce, recítale un poema. Sí, así... Muy bien... En la vida hay que poner el corazón en lo que haces. Si no, no sirve para nada... Eso es, ponle alegría, que es para la familia...

Daba igual si no lo hacíamos perfecto, ella siempre nos sonreía. Claro, que eso no era muy difícil, porque todo le parecía bien y casi siempre estaba de buen humor.

25 Creo que solamente se enfadaba y se quejaba cuando cortaba la cebolla y le lloraban los ojos.

—Seguro que esto no es bueno. Si lloro ahora cocinando, ¿qué pasará cuando lo coman los invitados? Yo no quiero llorar cocinando. ¿Y si se me caen las lágrimas encima de la comida?

Un día, por su cumpleaños, se nos ocurrió regalarle unas gafas de buceo para cortar cebollas y así perder el miedo a cocinar algo triste.
30 Todavía recuerdo su sonrisa cuando se las puso. Nos dijo que era el mejor regalo del mundo.

Unidad 6

3 Completa con la información del texto de la actividad 2.

a Empezó a leer ....
b Si estás triste y cocinas, ...
c Estando con ella pensábamos................................
d Las gafas de buceo le sirven para ....
e La abuela siempre nos decía.................................
f El libro me recuerda a ella porque ....

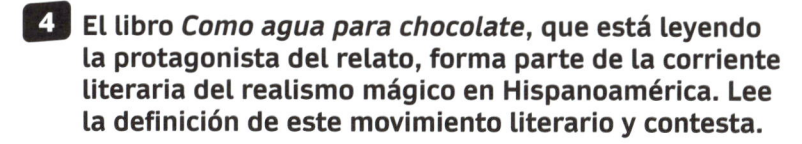

4 El libro *Como agua para chocolate*, que está leyendo la protagonista del relato, forma parte de la corriente literaria del realismo mágico en Hispanoamérica. Lee la definición de este movimiento literario y contesta.

Este estilo se caracteriza por introducir elementos mágicos como algo normal de la vida cotidiana; forman parte de ella y son aceptados. La realidad y la fantasía se mezclan en la narración.

→ ¿Qué idea del realismo mágico hay en el relato sobre la abuela Eva?

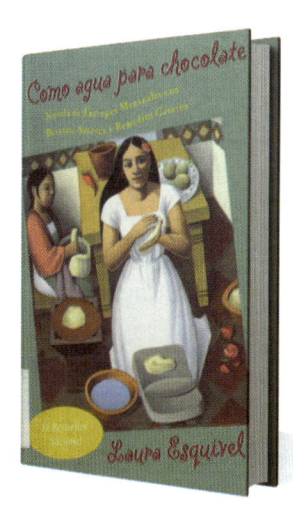

....
....
....

5 Lee y escucha.

Como agua para chocolate

Lo malo de llorar cuando uno pica cebolla no es el simple hecho de llorar, sino que a veces uno empieza, como quien dice, se pica, y ya no puede parar [...]. Dicen que Tita era tan sensible que desde que estaba en el vientre de mi bisabuela lloraba y lloraba cuando esta picaba cebolla; su llanto era tan fuerte que Nacha, la cocinera de la casa, que era medio sorda, lo escuchaba sin esforzarse. Un día los sollozos fueron tan fuertes que provocaron que el parto se adelantara.

(Extraído de *Como agua para chocolate*, Laura Esquivel)

Laura Esquivel

Escritora mexicana que se hizo mundialmente famosa por su novela *Como agua para chocolate*, traducida a más de treinta lenguas. Otra novela conocida suya es *Tan veloz como el deseo*.

6 Señala el elemento de realismo mágico hay en este fragmento de la novela.

7 Escribe sobre una persona importante en tu vida. ¿Puedes utilizar en la narración el realismo mágico?

Actividades interactivas   Spanish Blogger - Misión 18

Ahora comprueba

1 Vas a escuchar a cuatro personas explicando sus viajes. Completa el cuadro.

	¿Con quién fue?	¿Dónde?	¿Cuándo?	¿Qué hizo?	¿Lo pasó bien?
Pepe					
Ana					
Iván					
Eva					

2 Vuelve a escuchar y escribe todos los superlativos absolutos que oigas.

a .... e ....
b .... f ....
c .... g ....
d ....

3 Relaciona las dos columnas y completa con los pronombres de objeto directo e indirecto correspondientes.

1 Ana compró una torre Eiffel de plata y…
2 Mi abuela tiene muchas fotos de cuando estuvo en Ibiza y siempre que vamos a su casa…
3 Pepe dice que comió insectos fritos,…
4 La tía de Iván es muy pesada, las historias…

• a .... enseña.
• b .... regaló a su madre.
• c .... contaba una y otra vez.
• d .... sirvieron en un restaurante.

4 Vas a leer un texto de la página web de un aventurero muy famoso en España. Completa los espacios con el verbo en pretérito perfecto.

Mi pasión nació en mi tierra, en el corazón de los Picos de Europa; y **a** .... (desarrollarse) especialmente en el Himalaya. A Nepal, donde **b** .... (ser) guía de montaña durante más de 16 años, ¡**c** .... (viajar) más de 40 veces! A mis expediciones más importantes, como la del Everest en 2005, empecé a llevarme una cámara y a grabar. Con ese material se inició *Desafío extremo*, que **d** .... (convertirse) en un programa de éxito y va ya por su tercera temporada. Enseguida empezó a acompañarme Emilio Valdés, amigo y alpinista, que registra con su cámara todo lo que nos pasa. Como **e** .... (vosotros, poder) ver en temporadas anteriores de *Desafío extremo*, **f** .... (culminar) los picos más altos de cada continente: Elbrus, Everest, Pirámide de Carstenz, McKinley, Vinson y Aconcagua. **g** .... (Llegar) a la cima, además, de otros dos ochomiles, el Cho Oyu y el Lhotse, y **h** .... (alcanzar) el Polo Norte. Además de la montaña, me apasionan las motos, y **i** .... (ir) en dos ocasiones al *rally* de los Faraones, en Egipto. También me gusta volar y soy piloto de avionetas. Últimamente **j** .... (empezar) a practicar el submarinismo, un deporte lleno de adrenalina que te permite conocer la extraordinaria vida marina. Esa no es mi especialidad y, de momento, siempre me **k** .... (acompañar) y me **l** .... (ayudar) mis amigos que son expertos submarinistas.

(Adaptado de *www.jesuscalleja.es*)

REPASO UNIDADES 1 Y 2

5 Completa el texto sobre una aventurera española conjugando los verbos entre paréntesis en pretérito indefinido y añadiendo las palabras del recuadro.

> entonces ▪ nadie ▪ de adolescente ▪ allí ▪ porque
> en 1635 ▪ 1607 ▪ años más tarde

Doña Catalina de Erauso **1** .... (nacer) en San Sebastián, España, en 1592. **2** .... sus padres la **3** .... (meter) en un convento, pero en **4** .... **5** .... (escaparse) **6** .... no soportaba la vida de religiosa. **7** .... (Disfrazarse) de hombre y **8** .... (irse) en un barco rumbo a América. **9** ...., **10** .... (luchar) como soldado por la conquista de Chile. **11** .... (Ser) tan valiente que la **12** .... (nombrar) alférez. **13** .... **14** .... (descubrir) que era una mujer hasta que en 1624, durante un duelo, la **15** .... (herir), y no **16** .... (tener) más opción que confesarlo. **17** ...., inmediatamente, **18** .... (regresar) a España para recuperarse y el rey Felipe IV le **19** .... (dar) una recompensa por su valentía. **20** ...., **21** .... (volverse) a vestir de hombre y **22** .... (viajar) de nuevo a América. **23** .... (Morir) **24** .... en Veracruz, México.

6 Ahora contesta a estas preguntas sobre el texto anterior.

a ¿De dónde se escapó Catalina? ....
b "Convento" significa... ☐ la casa donde viven los religiosos. ....
                              ☐ prisión. ....
c "Disfrazarse" significa... ☐ vestirse para parecer otra cosa. ....
                                 ☐ vestirse bien. ....
d ¿Por qué Catalina confesó que era una mujer? ....
e ¿Cuántas veces fue Catalina a América? ....

7 Escribe un texto (100 palabras) sobre tu mejor viaje: dónde y cuándo fuiste, con quién, qué hiciste y cómo te lo pasaste.

8 Ahora cuéntale lo que has escrito a tu compañero/a y añade dos mentiras. Tu compañero/a tendrá que adivinarlas.

setenta y siete 77

Ahora comprueba

1 Escucha a estas personas y elige la opción correcta.

1 Casa Botín...
  a es el mejor restaurante del mundo.
  b es el edificio más antiguo del mundo.
  c es el restaurante más antiguo del mundo.

2 ¿Dónde está la estatua?
  a En el parque del Retiro.
  b En Portugal.
  c En un monte de Madrid.

3 "Me da mucho yuyu" significa...
  a me da risa.
  b me da miedo.
  c no me lo creo.

4 ¿De qué situación hablan?
  a   b

2 Lee la noticia y complétala con estos verbos en la forma indicada.

Pretérito perfecto	Pretérito indefinido	Pretérito imperfecto
confesar ▪ convertirse	poder ▪ falsificar	dudar ▪ hacer

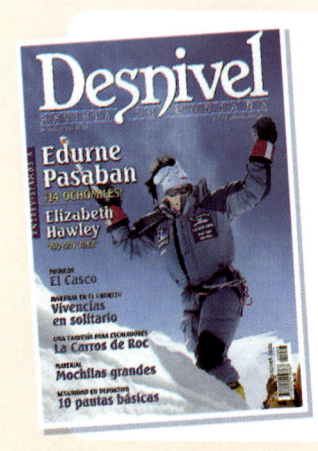

29 de agosto. Este fin de semana la española Edurne Pasabán **a** .... oficialmente en la primera mujer en escalar los catorce 'ochomiles', es decir, las catorce cumbres más altas del mundo. Este título lo tenía la escaladora Eun Sun, conocida como Miss Oh, pero se ha demostrado que la alpinista **b** .... unas fotos en las que decía estar en la cima del Kanchenjunga. Tal como ella misma **c** ...., esas fotos fueron tomadas desde más abajo. Según ella no **d** .... tomar las fotos en la cumbre porque **e** .... muy mal tiempo. Tanto Edurne Pasabán y todo su equipo, como la Federación de alpinismo, **f** .... sobre la subida de Eun Sun. Miss Hawley, la juez mundial del alpinismo, ha investigado el tema.

3 Estas son las pruebas con las que trabajó Miss Hawley. Míralas y reconstruye con tu compañero/a el veredicto de la investigación.

Pruebas de otros alpinistas

Pruebas de Edurne Pasabán

Pruebas de Miss Oh

REPASO UNIDADES 3 Y 4

Miss Hawley tomó declaraciones a varios alpinistas que alcanzaron la cima en esas fechas y aseguraron que...

33 **4** Ahora escucha las conclusiones de Miss Hawley y compáralas con las que habéis escrito.

5 Imagina que eres Miss Oh y estás arrepentida por lo que has hecho. Escribe una carta de disculpa para Edurne y justifica tu actuación.

Querida Edurne:

6 Estos dibujos ilustran una antigua leyenda. Ordénalos y cuéntale la historia a tu compañero/a.

a b c d
e f g h

34 **7** Ahora escucha la leyenda y comprueba el orden correcto. ¿Coincide con la leyenda que has imaginado?

setenta y nueve **79**

Ahora comprueba

1 Léo, un chico francés, y Andrés, un chico español, van a hacer un intercambio durante unos meses. Lee la siguiente carta de Andrés a Léo dándole algunos consejos para vivir en su casa. Escribe los verbos entre paréntesis en futuro imperfecto.

¡Hola, Léo! Hoy he recibido tu carta y la verdad es que me alegra mucho saber que finalmente **a** .... (tú, venir) a Madrid en agosto. En esas fechas **b** .... (hacer) mucho calor, pero no te preocupes porque entre semana **c** .... (tú, poder) estar todo el día en la piscina de mi casa. No es muy grande pero **d** .... (tú, pasártelo) muy bien. Los fines de semana mi familia y tú seguramente **e** .... (ir) a la sierra, a casa de mi tía. Allí ya **f** .... (tú, ver) cómo no **g** .... (tú, pasar) tanto calor; incluso por la noche probablemente **h** .... (tú, necesitar) ponerte una chaqueta. Mi hermana seguro que **i** .... (querer) hacer alguna excursión y, si vais a La Pedriza, **j** .... (vosotros, bañarse) en el río. Yo creo que **k** .... (tú, llevarse) muy bien con mi hermana porque, aunque es un poco pesada, la verdad es que es muy divertida. Mi padre es muy hablador, así que te **l** .... (contar) muchas historias de cuando él era joven. Mi madre también habla mucho y además te **m** .... (preguntar) mil veces si quieres algo más de comer y le **n** .... (dar) igual si quieres más o no, porque ella siempre te **ñ** .... (poner) tanta comida ¡que te **o** .... (salir) por las orejas!

2 Escucha los pequeños diálogos que mantienen los miembros de la familia de Andrés y di qué función tienen.

	Pedir permiso	Conceder un permiso	Denegar o rechazar un permiso	Dar órdenes	Dar consejos	Dar instrucciones	Invitar u ofrecer
1	☐	☐	☐	☐	☐	☐	☐
2	☐	☐	☐	☐	☐	☐	☐
3	☐	☐	☐	☐	☐	☐	☐
4	☐	☐	☐	☐	☐	☐	☐
5	☐	☐	☐	☐	☐	☐	☐
6	☐	☐	☐	☐	☐	☐	☐
7	☐	☐	☐	☐	☐	☐	☐
8	☐	☐	☐	☐	☐	☐	☐

3 Escucha las tareas que hay que hacer en casa de Andrés y clasifícalas en la columna correspondiente.

Hacer	Poner	Recoger	Fregar	Limpiar

REPASO UNIDADES 5 Y 6

4 ¡Mira cómo ha dejado Andrés la habitación! Ayúdale a escribir un correo a Léo, para que la ordene antes de que la vean sus padres. Completa las indicaciones con imperativo y con los pronombres necesarios.

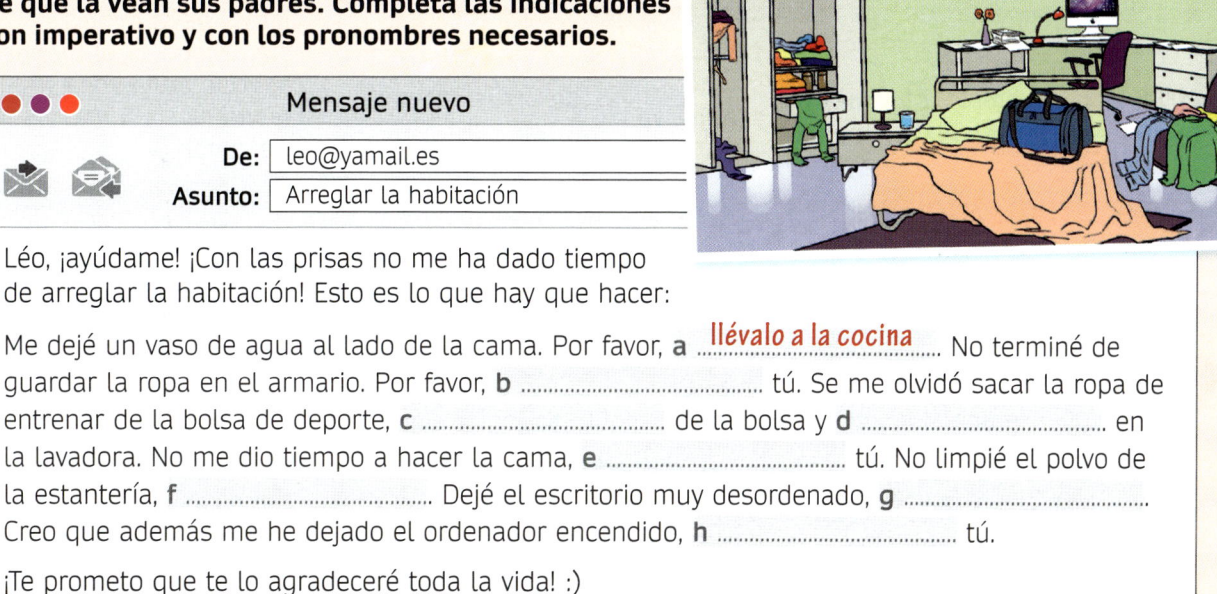

Mensaje nuevo

De: leo@yamail.es
Asunto: Arreglar la habitación

Léo, ¡ayúdame! ¡Con las prisas no me ha dado tiempo de arreglar la habitación! Esto es lo que hay que hacer:

Me dejé un vaso de agua al lado de la cama. Por favor, **a** *llévalo a la cocina*. No terminé de guardar la ropa en el armario. Por favor, **b** .... tú. Se me olvidó sacar la ropa de entrenar de la bolsa de deporte, **c** .... de la bolsa y **d** .... en la lavadora. No me dio tiempo a hacer la cama, **e** .... tú. No limpié el polvo de la estantería, **f** .... Dejé el escritorio muy desordenado, **g** .... Creo que además me he dejado el ordenador encendido, **h** .... tú.

¡Te prometo que te lo agradeceré toda la vida! :)

5 Mira las fotos y escribe qué va a hacer el fin de semana la familia de Andrés y cuándo.

VIERNES — Madrid
Cine Gran Vía
Sesión de las 20:00

SÁBADO — La Pedriza, Madrid
La Pedriza

DOMINGO — Madrid
Horario 11:00 a 21:00
Parque de El Retiro

El fin de semana que viene...

6 Imagina que tu compañero/a va a ir a vivir contigo durante un mes. Explícale cómo es tu familia, qué cosas soléis hacer y cómo repartís las tareas. Dale consejos para vivir en tu casa y explícale lo que has planeado hacer durante esos días.

Apéndice gramatical

UNIDAD 1

SUPERLATIVO RELATIVO

■ Indica la superioridad o la inferioridad con respecto a otro elemento del mismo grupo:

$$\begin{bmatrix} el/la \\ los/las \end{bmatrix} + \begin{bmatrix} sustantivo \\ \emptyset \end{bmatrix} + \begin{bmatrix} más \\ menos \end{bmatrix} + [adjetivo] + \begin{bmatrix} de + sustantivo \\ que + verbo \end{bmatrix}$$

– Mis sobrinas son **las** niñas **más** guapas **de** la familia.
– Este camino es **el menos** conocido **de** la zona.
– Eres **la** persona **más** curiosa **que** conozco.

SUPERLATIVO ABSOLUTO

$$\begin{bmatrix} Adjetivo \\ Adverbio \end{bmatrix} + \textbf{ísimo/a/os/as}$$

❗ EXPANSIÓN GRAMATICAL

■ El sufijo se une al adjetivo o al adverbio según las reglas siguientes:

- terminados en **vocal**:
  Se sustituye la vocal final por **–ísimo**:
  – último ➡ ultim-**ísimo**
  – grande ➡ grand-**ísimo**

- terminados en **consonante**:
  Se añade **–ísimo**:
  – fácil ➡ facil**ísimo**
  – difícil ➡ dificil**ísimo**

- terminados en **–mente**:
  Se añade **–ísimo** al adjetivo y **–mente**:
  – rápidamente ➡ rapid– rapid**ísima**mente

■ Casos especiales de superlativo:

bueno/bien	➡ **óptimo/a**	pequeño ➡ **mínimo/a**	
malo/mal	➡ **pésimo/a**	alto ➡ **supremo/a**	
grande	➡ **máximo/a**	bajo ➡ **ínfimo/a**	

– Creo que es una solución **pésima**.
– En estos casos, el director tiene la **máxima** responsabilidad.

■ El superlativo absoluto se forma también anteponiendo al adjetivo algunos adverbios como **muy**, **sumamente**, **extremadamente**, **altamente**, **extraordinariamente**:

– Nos enseñaron unos cuadros **extraordinariamente** bonitos.
– Era un empleado **altamente** cualificado.

1 Escribe en tu cuaderno el superlativo absoluto de los siguientes adjetivos:

a altos; b guapas; c luminoso; d grande; e cómodas; f bello; g simpático; h rápido; i pequeña.

PRETÉRITO PERFECTO

■ El pretérito perfecto se forma con el presente indicativo del verbo **haber** + el **participio** del verbo que realiza la acción.

he			
has	cant-	ado (verbos en -AR)	
ha	+		
hemos	com-		
habéis	viv-	ido (verbos -ER/-IR)	
han			

participios irregulares

abrir	➡ abierto	hacer	➡ hecho
decir	➡ dicho	romper	➡ roto
escribir	➡ escrito	ver	➡ visto
poner	➡ puesto	volver	➡ vuelto

■ El pretérito perfecto se usa para:
- hablar de acciones terminadas en un tiempo no especificado: *¿Has leído este libro?*
- hablar de acciones terminadas en un tiempo no acabado: *Este año he ido a la playa.*

■ Normalmente va acompañado de estas **expresiones temporales**:

- **Este** fin de semana/mes/verano/año…
- **Esta** mañana/tarde/semana…
- **Estas** navidades/semanas…
- **Estos** días/meses…

- **Hace** un rato/un momento/diez minutos…
- **Ya**…
- **Todavía no**…

Siempre
Muchas veces
Algunas veces
N.º de veces
Una vez
Ninguna vez
Nunca
Jamás

Apéndice gramatical

PRONOMBRES DE OBJETO DIRECTO E INDIRECTO

	objeto directo	objeto indirecto
yo	me	me
tú	te	te
él/ella/usted	lo/la	le (se)
nosotros/as	nos	nos
vosotros/as	os	os
ellos/ellas/ustedes	los/las	les (se)

– He cogido las llaves y **las** he metido en el bolso.
– **Le** he dicho a Javier la verdad.

- Orden de los pronombres: objeto indirecto + objeto directo.
  - ▶ ¿Dónde has dejado mi libro?   ▷ **Te lo** he dejado encima de la mesa.

                                                    a ti el libro

- le/les + lo, la, lo, las = **se** + lo, la, lo, las
  (El libro, a él) ➡ ~~Le~~ lo he dejado encima de la mesa. > **Se lo** he dejado encima de la mesa.

- Los pronombres se colocan siempre delante del verbo (**me lo** ha contado Carolina), **excepto** con el imperativo afirmativo (cuénta**melo**), el infinitivo (contár**melo**) y el gerundio (contándo**melo**).

UNIDAD 2

VOLVER A + INFINITIVO

- Para expresar la repetición de una acción se usa **volver a** + **infinitivo**:
  - Cristóbal Colón viajó a América en 1492 y **volvió a viajar** allí varias veces más.
  - Después de tres años, este verano **he vuelto** a ir al pueblo de mis abuelos.
  - El próximo curso **vuelvo a estudiar** francés en el instituto.

PRETÉRITO INDEFINIDO

- Verbos regulares

	viajar	volver	salir
yo	viaj**é**	volv**í**	sal**í**
tú	viaj**aste**	volv**iste**	sal**iste**
él/ella/usted	viaj**ó**	volv**ió**	sal**ió**
nosotros/as	viaj**amos**	volv**imos**	sal**imos**
vosotros/as	viaj**asteis**	volv**isteis**	sal**isteis**
ellos/ellas/ustedes	viaj**aremos**	volv**ieron**	sal**ieron**

- Verbos irregulares en la 3.ª persona

	(e ➡ i)	(o ➡ u)	(i ➡ y)
	pedir	**dormir**	**construir**
	pedí	dormí	construí
	pediste	dormiste	construiste
	p**i**dió	d**u**rmió	constru**y**ó
	pedimos	dormimos	construimos
	pedísteis	dormísteis	construisteis
	p**i**dieron	d**u**rmieron	constru**y**eron

❗ EXPANSIÓN GRAMATICAL

- Otros verbos con esta irregularidad:

  - **e ➡ i**:
    - **divertirse**: divirtió, divirtieron
    - **mentir**: mintió, mintieron
    - **sentir**: sintió, sintieron
    - **pedir**: pidió, pidieron
    - **medir**: midió, midieron
    - **reír**: rio, rieron
    - **despedir**: despidió, despidieron
    - **elegir**: eligió, eligieron
    - **impedir**: impidió, impidieron
    - **repetir**: repitió, repitieron
    - **seguir**: siguió, siguieron

  - **o ➡ u**:
    - **morir**: murió, murieron

  - **i ➡ y**:
    - **construir**: construyó, construyeron
    - **oír**: oyó, oyeron
    - **creer**: creyó, creyeron
    - **caer**: cayó, cayeron
    - **sustituir**: sustituyó, sustituyeron
    - **leer**: leyó, leyeron

ochenta y tres

Apéndice gramatical

Verbos completamente irregulares

	ser/ir	dar
yo	fui	di
tú	fuiste	diste
él/ella/usted	fue	dio
nosotros/as	fuimos	dimos
vosotros/as	fuisteis	disteis
ellos/ellas/ustedes	fueron	dieron

Verbos irregulares en la raíz

estar → estuv-	saber → sup-	-e
andar → anduv-	caber → cup-	-iste
tener → tuv-	venir → vin-	-o
haber → hub-	querer → quis-	-imos
poder → pud-	hacer → hic-	-isteis
poner → pus-	decir → dij-	-ieron

⚠ ■ hacer, él → hi**z**o   ■ decir, ellos → dij**eron**

MARCADORES TEMPORALES DEL PRETÉRITO INDEFINIDO

■ Para **relacionar** dos acciones en el pasado:
- Antes de + llegar/salir/empezar...
- Años/días/meses + más tarde...
- A los dos meses/a las tres semanas...
- Al cabo de + un mes/dos años...
- Al año/a la mañana + siguiente...
- Un día/mes/año + después...
  – **Antes de salir** de casa, cogí las llaves.
  – Empecé a leer un libro y **al cabo de dos horas** lo terminé.

■ Para indicar el **inicio** de una acción:
- Desde el lunes/1980/marzo...
  – **Desde** marzo estudio español.

■ Para indicar la **duración** de una acción:
- De... a
- Desde... hasta
  – Estuve estudiando español **desde** las cinco **hasta** las ocho.
- Durante
  – Estuve estudiando español **durante** tres horas.

■ Para indicar el **final** de una acción:
- Hasta (que)
  – Estudié español **hasta que** cumplí dieciocho años y viajé a España.

UNIDAD 3

PRONOMBRES INDEFINIDOS

■ Personas
- **alguien / nadie**
  ▶ ¿**Alguien** ha visto mi libro?
  ▷ No, **nadie**.

■ Cosas
- **algo / nada**
  ▶ ¿Quieres **algo** de comer?
  ▷ No quiero **nada**, gracias.

■ Personas y cosas
- **alguno/a/os/as / ninguno/a**
  ▶ ¿**Algún** chico es de Francia?
  ▶ **Ninguno**.
  ▷ **Algunos** de mis amigos hablan francés.

ADJETIVOS INDEFINIDOS

■ Personas y cosas
- **algún/a/os/as / ningún/a/os/as**
  – No hay **ningún** chico de Francia.   – Tengo **algunos** libros que te van a gustar.

Recuerda: Normalmente no usamos *ningunos/ningunas*.

CONTRASTE PRETÉRITO PERFECTO E INDEFINIDO

■ El **pretérito perfecto** se usa para hablar de:
- acciones terminadas ocurridas en un periodo de tiempo todavía **no terminado.**
  – **Este año** he viajado mucho.   – **Esta mañana** he desayunado.
- acciones terminadas que tienen **relación con el presente**:
  – No puedo entrar porque he perdido la llave.
- acciones ocurridas en un **pasado no específico**:
  – Yo ya he visitado tres teatros romanos.

■ **Expresiones temporales** que se usan con el **pretérito perfecto**:
  – Esta tarde/mañana/semana/primavera...   – Ya/Todavía no/Nunca...   – Hoy...
  – Este fin de semana/año/invierno...   – Hace un rato/cinco minutos...

Apéndice gramatical

- El **pretérito indefinido** se usa para hablar de:
  - acciones terminadas ocurridas en un periodo de tiempo **acabado**:
    - *Ayer* vimos una peli muy buena.
    - *El otro día* no fui a clase.
  - acciones que no tienen **relación con el presente**:
    - *En marzo* viajé a Bélgica.

- **Expresiones temporales** que se usan con el **pretérito indefinido**:
  - *La semana/primavera... pasada.*
  - *El fin de semana/año/mes... pasado.*
  - *Hace tres días/dos años...*
  - *Ayer/Anteayer/El otro día...*
  - *En verano/otoño/1980...*

UNIDAD 4

CONTRASTE PRETÉRITO INDEFINIDO, IMPERFECTO Y PERFECTO

Pretérito indefinido	**Pretérito imperfecto**	**Pretérito perfecto**
Se usa para hablar de acciones terminadas en un momento del pasado sin **relación** con el presente: – *Ayer **fui** en bici a clase.* – *El año pasado **fui** de vacaciones a Menorca.*	Se usa para **describir** en el pasado, para hablar de acciones durativas y **habituales** en el pasado: – *Aquel día **llovía** mucho.* – *Antes yo siempre **iba** a Mallorca de vacaciones.*	Se usa para hablar de acciones en un **pasado reciente** o que **tienen relación** con el presente: – *Últimamente **he tenido** que estudiar mucho.* – *Este año **he ido** a Ibiza.*

SOLER + INFINITIVO

- ***Soler* + infinitivo** se usa para hablar de acciones habituales:
  - *Yo **suelo** ir en autobús al instituto, pero a veces, cuando hace calor, voy en bici.* (Presente)
  - *Antes **solía** comer en el instituo, pero ahora como en casa de mis abuelos.* (Pasado)

UNIDAD 5

FUTURO IMPERFECTO

- **Verbos regulares**

	estudiar	comer	vivir
yo	estudiar**é**	comer**é**	vivir**é**
tú	estudiar**ás**	comer**ás**	vivir**ás**
él/ella/usted	estudiar**á**	comer**á**	vivir**á**
nosotros/as	estudiar**emos**	comer**emos**	vivir**emos**
vosotros/as	estudiar**éis**	comer**éis**	vivir**éis**
ellos/ellas/ustedes	estudiar**án**	comer**án**	vivir**án**

- **Verbos irregulares**

tener → ten**dr**-	caber → ca**br**-	-é
poder → po**dr**-	haber → ha**br**-	-ás
poner → pon**dr**-	saber → sa**br**-	-á
venir → ven**dr**-	hacer → ha**r**-	-emos
salir → sal**dr**-	decir → di**r**-	-éis
valer → val**dr**-	querer → quer**r**-	-án

- El futuro puede ir acompañado de las siguientes **expresiones temporales**:
  - *El año/mes* ⎫
  - *La semana/primavera* ⎭ *que viene iré a España.*
  - *Dentro de dos años/un rato/unos días vendrá a casa.*
  - *Mañana tendré un examen.*
  - *El/la próximo/a semana/mes/año tendré 17 años.*
  - *Pasado mañana sabremos las notas.*

SI + PRESENTE + FUTURO

Si + presente + futuro
Si   no llueve,   iremos a la playa.

Apéndice gramatical

UNIDAD 6

IMPERATIVO AFIRMATIVO

■ **Verbos regulares**

	comprar	comer	subir
tú	compra	come	sube
vosotros/as	comprad	comed	subid
usted	compre	coma	suba
ustedes	compren	coman	suban

■ **Verbos irregulares**

	decir	hacer	poner	tener
di	haz	pon	ten	
decid	haced	poned	tened	
diga	haga	ponga	tenga	
digan	hagan	pongan	tengan	

■ **Imperativo afirmativo + pronombres**

Los pronombres objeto directo, indirecto y reflexivos se posponen al imperativo, formando una sola palabra:

– Pon el queso en la nevera. ➡ **Ponlo**.
– Dime el secreto. ➡ **Dímelo**.

⚠ **EXPANSIÓN GRAMATICAL**

■ **Otros verbos irregulares**

	venir	ir	ser	salir
tú	ven	ve	sé	sal
vosotros/as	venid	id	sed	salid
usted	venga	vaya	sea	salga
ustedes	vengan	vayan	sean	salgan

⚠ **EXPANSIÓN GRAMATICAL**

■ Los verbos con **cambio vocálico** en el presente de indicativo mantienen también esta irregularidad en el imperativo.

	(e ➡ ie) cerrar	(o ➡ ue) dormir	(u ➡ ue) jugar	(e ➡ i) pedir	(i ➡ y) construir
tú	cierra	duermas	juega	pide	construye
vosotros/as	cerrad	durmáis	jugad	pedid	construid
usted	cierre	duerma	juegue	pida	construya
ustedes	cierren	duerman	jueguen	pidan	construyan

2 Completa la tabla con las formas adecuadas del imperativo afirmativo.

	ser	venir	ir	pedir	cerrar	dormir
tú		ven				
vosotros/as						
usted						
ustedes						

3 Completa las frases conjugando los verbos entre paréntesis en imperativo afirmativo.

a (Ponerse, tú) .... los pendientes rojos.
b (Ir, usted) .... a la oficina mañana.
c (Venir, ustedes) .... conmigo.
d (Cerrar, tú) .... las ventanas.
e (Estar, ustedes) .... callados.
f (Volver, usted) .... más tarde.

4 Convierte las frases en imperativo afirmativo y sustituye las palabras por su pronombre correspondiente, en caso necesario.

a Ser buenos en el instituto. (vosotros) ➡ ....
b Venir de clase pronto. (tú) ➡ ....
c Dormir con la ventana cerrada. (usted) ➡ ....
d Pedir a tu hermano sus juguetes. (tú) ➡ ....

Apéndice gramatical

IMPERATIVO NEGATIVO

■ **Verbos regulares**

	comprar	comer	subir
tú	no compres	no comas	no subas
vosotros/as	no compréis	no comáis	no subáis
usted	no compre	no coma	no suba
ustedes	no compren	no coman	no suban

■ **Verbos irregulares**

	decir	hacer	poner	tener
tú	no digas	no hagas	no pongas	no tengas
vosotros/as	no digáis	no hagáis	no pongáis	no tengáis
usted	no diga	no haga	no ponga	no tenga
ustedes	no digan	no hagan	no pongan	no tengan

■ **Imperativo negativo + pronombres**

Los pronombres objeto directo, indirecto y reflexivos se colocan delante del imperativo, separados:
– *No **lo** pongas en la estantería.* – *No **se lo** digas a nadie.*

■ **Otros verbos irregulares**

	venir	ir	ser	salir
tú	no vengas	no vayas	no seas	no salgas
vosotros/as	no vengáis	no vayáis	no seáis	no salgáis
usted	no venga	no vaya	no sea	no salga
ustedes	no vengan	no vayan	no sean	no salgan

■ Los verbos con **cambio vocálico** en el presente de indicativo mantienen también esta irregularidad en el imperativo.

	(e → ie) cerrar	(o → ue) dormir	(u → ue) jugar	(e → i) pedir	(i → y) construir
tú	no cierres	no duermas	no juegues	no pidas	no construyas
vosotros/as	no cerréis	no durmáis	no juguéis	no pidáis	no construyáis
usted	no cierre	no duerma	no juegue	no pida	no construya
ustedes	no cierren	no duerman	no jueguen	no pidan	no construyan

! EXPANSIÓN GRAMATICAL

5 Completa la tabla con las formas adecuadas del imperativo afirmativo.

	ser	venir	ir	pedir	cerrar	dormir
tú	no seas					
vosotros/as						
usted						
ustedes						

6 Completa las frases conjugando los verbos entre paréntesis en imperativo negativo.

a (Ponerse, tú) .... los pendientes de tu madre.
b (Ir, usted) .... a la oficina mañana.
c (Volver, ustedes) .... demasiado tarde.
d (Salir, usted) .... ahora: es peligroso.
e (Cerrar, tú) .... las ventanas.
f (Estar, ustedes) .... callados.

7 Escribe una frase en imperativo afirmativo y otra en imperativo negativo.

a Ponerse los pendientes. (tú) → ....
b Ir a la oficina mañana. (usted) → ....
c Venir conmigo. (vosotros) → ....
d Estar callados. (ustedes) → ....

Tabla de verbos

PRETÉRITO IMPERFECTO

Verbos regulares

1.ª conjugación –ar	2.ª conjugación –er	3.ª conjugación –ir
CANTAR	**COMER**	**VIVIR**
cant**aba**	com**ía**	viv**ía**
cant**abas**	com**ías**	viv**ías**
cant**aba**	com**ía**	viv**ía**
cant**ábamos**	com**íamos**	viv**íamos**
cant**abais**	com**íais**	viv**íais**
cant**aban**	com**ían**	viv**ían**

Verbos irregulares

SER	IR	VER
era	iba	veía
eras	ibas	veías
era	iba	veía
éramos	íbamos	veíamos
erais	ibais	veíais
eran	iban	veían

IMPERATIVO AFIRMATIVO

Verbos regulares

1.ª conjugación –ar	2.ª conjugación –er	3.ª conjugación –ir
CANTAR	**COMER**	**VIVIR**
cant**a**	com**e**	viv**e**
cant**e**	com**a**	viv**a**
cant**ad**	com**ed**	viv**id**
cant**en**	com**an**	viv**an**

Verbos irregulares

CAER	COGER	CONDURCIR	CONOCER	CONSTRUIR
cae	co**g**e	conduce	conoce	constru**y**e
caiga	co**j**a	condu**zc**a	cono**zc**a	constru**y**a
caed	coged	conducid	conoced	construid
caigan	co**j**an	condu**zc**an	cono**zc**an	constru**y**an

CONTAD	DECIR	DORMIR	ELEGIR	EMPEZAR
c**ue**nta	**di**	d**ue**rme	el**i**ge	emp**ie**za
c**ue**nte	**diga**	d**ue**rma	el**ij**a	emp**iec**e
contad	decid	dormid	elegid	empezad
c**ue**nten	**digan**	d**ue**rman	el**ij**an	emp**iec**en

HACER	HUIR	IR	JUGAR	OIR
haz	hu**y**e	**ve**	j**ue**ga	**oye**
haga	hu**y**a	**vaya**	j**uegu**e	**oiga**
haced	huid	id	jugad	oíd
hagan	hu**y**an	**vayan**	j**uegu**en	**oigan**

Tabla de verbos

PEDIR	PENSAR	PONER	SABER	SALIR
p**i**de	p**ie**nsa	**pon**	sabe	**sal**
p**i**da	p**ie**nse	**ponga**	**sepa**	**salga**
pedid	pensad	poned	sabed	salid
p**i**dan	p**ie**nsen	**pongan**	**sepan**	**salgan**

SER	TENER	VENIR	VESTIR	VOLVER
sé	**ten**	**ven**	v**i**ste	v**ue**lve
sea	**tenga**	**venga**	v**i**sta	v**ue**lva
sed	tened	venid	vestid	volved
sean	**tengan**	**vengan**	v**i**stan	v**ue**lvan

FUTURO IMPERFECTO

Verbos regulares

1.ª conjugación **-ar**	2.ª conjugación **-er**	3.ª conjugación **-ir**
CANTAR	**COMER**	**VIVIR**
cantar**é**	comer**é**	vivir**é**
cantar**ás**	comer**ás**	vivir**ás**
cantar**á**	comer**á**	vivir**á**
cantar**emos**	comer**emos**	vivir**emos**
cantar**éis**	comer**éis**	vivir**éis**
cantar**án**	comer**án**	vivir**án**

Verbos irregulares

CABER	DECIR	HABER	HACER
cabré	diré	habré	haré
cabrás	dirás	habrás	harás
cabrá	dirá	habrá	hará
cabremos	diremos	habremos	haremos
cabréis	diréis	habréis	haréis
cabrán	dirán	habrán	harán

PODER	PONER	QUERER	SABER
podré	pondré	querré	sabré
podrás	pondrás	querrás	sabrás
podrá	pondrá	querrá	sabrá
podremos	pondremos	querremos	sabremos
podréis	pondréis	querréis	sabréis
podrán	pondrán	querrán	sabrán

SALIR	TENER	VALER	VENIR
saldré	tendré	valdré	vendré
saldrás	tendrás	valdrás	vendrás
saldrá	tendrá	valdrá	vendrá
saldremos	tendremos	valdremos	vendremos
saldréis	tendréis	valdréis	vendréis
saldrán	tendrán	valdrán	vendrán

Glosario

ESPAÑOL	EN TU LENGUA
A	
aburridísimo/a (1)	
aburrirse (0) (4) (5)	
aceptar (4) (6)	
acordarse de (o > ue) (2) (4)	
las actividades solidarias (3)	
agradecer (6)	
al año/a la mañana + siguiente… (2)	
al cabo de + un mes/ dos años… (2)	
el/la alcalde/esa (5)	
alguna vez (1) (3)	
el alojamiento (1)	
la amistad (1)	
la anécdota (3) (4)	
antes de + llegar/salir/ empezar… (2)	
años/días/meses + más tarde… (2)	
el apodo (2) (4)	
aprobar (1) (5)	
apuntarse (6)	
árabe (2)	
el ascensor (5)	
la aspiradora (6)	
el autor (2) (4)	
el avión (0) (2)	
B	
el balón (6)	
bañarse (0)	
barrer (6)	
el barrio (2)	
la basura (5) (6)	
el billete (0) (2)	
botar (6)	
C	
caber (2) (5)	
caer (i > y) (2) (4)	
caerse (i > y) (4)	
la cama doble (1)	
la cama individual (1)	
el campamento de verano (1) (3)	
el calentamiento global (5)	
la campaña (5)	
el campo (6)	
la cancha (6)	
el/la candidato/a (5)	
casar(se) (2) (4)	
castigar (5) (6)	
celebrar (1)	
chutar (6)	
el/la cliente (6)	
colaborar (3)	
colocar (3) (6)	
los combustibles fósiles (5)	
¿Cómo/Qué tal te ha ido? (1)	
¿Cómo/Qué tal te lo has pasado? (1)	
conceder (6)	
conocer(se) (0) (2)	
conquistar (2)	
conseguir (2) (3)	
construir (i > y) (0) (2)	
consumir (5)	
la contaminación (5)	

ESPAÑOL	EN TU LENGUA
contar (1) (0)	
convertirse (e > ie) (4)	
la cortesía (6)	
Creo que… (5)	
¡Cuánto lo siento! (4)	
Cuenta, cuenta… (3)	
Cuentan que… (3)	
el cuento (4)	
D	
dar igual (5)	
dar permiso (6)	
de… a (2)	
decepcionado/a (6)	
decepcionar (6)	
decidir (0)	
la deforestación (5)	
dejar de (4)	
de miedo (1)	
denegar (6)	
¡De ninguna manera! (6)	
dentro de un rato (5)	
dentro de… (periodo de tiempo) (5)	
dejar (1) (2)	
desayunar (1)	
la descendencia (2)	
descubrir (2) (6)	
el deshielo (5)	
¿De verdad? (3)	
desde el lunes/2010/ marzo (2)	
desde… hasta (2)	
destruir (2)	
Dicen que… (3)	
dirigir (5)	
diseñar (5)	
divertidísimo/a (1)	
divertirse (0) (1)	
dormir(se) (0) (2)	
dos veces (3)	
durante (2)	
E	
el efecto invernadero (5)	
el ejército (2)	
las elecciones (5)	
elegir (1)	
eliminar (5)	
empezar a (2)	
enamorarse (2) (3)	
encontrar (0)	
el/la enemigo/a (2)	
la energía renovable (5)	
ensuciar (6)	
entrar (2)	
la época (1)	
escalar (3)	
el escenario (4)	
el esfuerzo (6)	
los espectadores (4)	
estar en forma (5)	
el estilo (6)	
estricto/a (6)	
estupendamente (1)	
estupendo/a (1)	
explorar (2)	
el extranjero (1) (6)	

* (n.º) indica la unidad en la que aparece.

Glosario

ESPAÑOL	EN TU LENGUA
F	
la fábula (4)	
la falta (6)	
fatal (1) (6)	
firmar (4)	
flotar (6)	
G	
ganar (0) (2)	
ganar la batalla/guerra (2)	
genial (0) (1)	
gobernar (2)	
golpear (6)	
graduarse (2)	
el grupo (1) (4)	
H	
Ha sido sin querer. (4)	
hacer deporte (3) (6)	
hacer la cama (6)	
hacer la comida (6)	
hacer *puenting* (1) (5)	
hacer senderismo (0) (1)	
hacer submarinismo (3)	
hacer surf (0) (1)	
hasta (que)... (2)	
la herencia (2)	
el hotel (1)	
I	
la inscripción (6)	
intentar (2) (3)	
inmenso/a (5)	
el intercambio (2)	
la interpretación (3) (6)	
invadir (2)	
inventar (1)	
ir al cine (0) (1)	
ir a museos (6)	
ir de *camping* (1)	
ir de compras (1)	
J	
jubilarse (2) (3)	
judío/a (2)	
los juegos de mesa (3)	
jugar al ajedrez (1)	
jugar a los videojuegos (1) (3)	
L	
lanzar (4) (6)	
lavar los platos (6)	
leer (0)	
levantarse (3)	
la leyenda (4)	
limpiar (6)	
la llave (1)	
llorar (6)	
Lo haré sin falta. (5)	
Lo siento (mucho/muchísimo/de verdad). (4)	
lograr (3)	
luchar (2) (3)	
M	
la maleta (0) (4)	
malgastar (5)	

ESPAÑOL	EN TU LENGUA
mandar (1) (2)	
marcar un gol (6)	
más o menos (1) (3)	
la media pensión (1)	
Me imagino que... (5)	
mentir (2) (5)	
el mes que viene (5)	
mezclar (2) (6)	
la montaña (1)	
la moraleja (4)	
morir (o > ue, o > u) (2)	
musulmán/musulmana (2) (4)	
N	
nacer (2) (3)	
Ni fu ni fa. (1)	
¡Ni hablar! (6)	
No, (lo siento) es que... (6)	
No lo voy a volver a hacer más. (4)	
¡No me digas! (3)	
No te preocupes. (4)	
No tiene importancia. (4)	
No va a volver a pasar. (4)	
la noticia (4)	
la novela (0) (4)	
O	
la obra de teatro (6)	
ofrecer (6)	
el olor (5)	
olvidarse de (6)	
ONG (Organización No Gubernamental) (3)	
ordenar (0) (1)	
orgulloso/a (2)	
P	
el paisaje (5)	
parecerse a (2) (3)	
la pareja (1)	
el partido político (5)	
pasado mañana (5)	
la pensión completa (1)	
Perdón. (2) (4)	
pero (4) (5)	
el pase (6)	
pasear (1) (5)	
pedir (4) (6)	
Perdone/Perdona, ¿para...? (4) (6)	
planchar (6)	
el poema (4) (6)	
el polvo (6)	
poner la lavadora (6)	
poner la mesa (6)	
¿Por qué no...? (6)	
la portería (6)	
el/la portero/a (6)	
el premio (5)	
el/la presidente/a (5)	
el programa (5)	
prometer (4) (5)	
¡Prometido! (5)	
el público (4)	
¿Puedes/Podrías decirme cómo...? (4) (6)	
¿Puedo/Podría...? (6)	

Glosario

ESPAÑOL	EN TU LENGUA
Q	
¡Qué apuro! (4)	
¡Qué curioso! (3)	
quedarse (5)	
quejarse (6)	
¡Qué vergüenza! (4)	
¿Quieres…? (6)	
quitar(se) (0)	
R	
la raqueta (6)	
rebotar (6)	
rechazar (6)	
el/la recepcionista (1)	
reciclar (5)	
recoger la basura (6)	
el recuerdo (1)	
los recursos naturales (5)	
la red (6)	
las redes sociales (3)	
reducir (5)	
la reforma (5)	
regresar (2)	
regular (1)	
la rehabilitación de casas (3)	
reinar (2)	
reírse (1)	
relajarse (1)	
el relato (4)	
la reserva (1)	
reutilizar (5)	
la rima (4)	
romper (1) (4)	
S	
las sábanas (6)	
¿Sabes…? (2) (3)	
¿Sabes cómo…? (6)	
¿Sabías que…? (3)	
salir con amigos (3)	
la sequía (5)	
sentir (6)	
el/la soldado (2)	
soler (o > ue) (4)	
sonreír (6)	
superbién (1)	
Supongo que… (5)	

ESPAÑOL	EN TU LENGUA
T	
tapar (6)	
la tarjeta de crédito (1)	
Te doy mi palabra. (5)	
¿Te/Le importa si…? (6)	
Te juro que… (2) (5)	
Te perdono. (4)	
Te prometo que… (5)	
el tema (4)	
la temporada alta (1)	
la temporada baja (1)	
tender la ropa (6)	
Tendrías que/Deberías… (6)	
tener (0)	
tirar (1)	
tirar la basura (6)	
tocar un instrumento (3)	
todavía no (0) (1)	
tomar el sol (0)	
Tranquilo, no pasa nada. (4)	
el transporte ecológico (5)	
U	
últimamente (6)	
un desastre (1)	
un día/mes/año + después… (2)	
una vez (1)	
V	
valer (5)	
vencer (2)	
ver la televisión (3)	
el vertedero (5)	
vestirse (0)	
el vientre (6)	
volver (0) (2)	
el voto (5)	
Y	
ya (1)	
¡Yo qué sé! (4)	

NOTAS

NOTAS